Hans Winkler
Egon Kapellari • Was kommt? Was bleibt?

HANS WINKLER

Egon Kapellari

Was kommt?
Was bleibt?

Gespräche an einer Lebenswende

Die Verfasser danken Brigitte Ederer, Christa Weinrich,
Mag. Anna Hollwöger, Mag. Bruno Almer, Helmut Lenhart
und Mag. Peter Rosegger für die technische Assistenz beim
Entstehen dieses Buches.

Impressum

ISBN 978-3-222-13424-1

© 2013 by *Styria Premium* in der
Verlagsgruppe Styria GmbH & Co KG
Wien · Graz · Klagenfurt
Alle Rechte vorbehalten

Bücher aus der Verlagsgruppe Styria gibt es
in jeder Buchhandlung und im Online-Shop

Lektorat: Mag. Anna Magdalena Hollwöger
Koordination im Verlag: Dr. Johannes Sachslehner
Covergestaltung: Bruno Wegscheider
Layout und Umbruch: Helmut Lenhart

Druck und Bindung:
Druckerei Theiss GmbH, St. Stefan im Lavanttal
7 6 5 4 3 2 1

Inhaltsverzeichnis

Unruhestifter zurechtweisen,
Kleinmütige trösten,
Sich der Schwachen annehmen,
Gegner widerlegen,
Sich vor Nachstellern hüten,
Ungebildete lehren,
Träge wachrütteln,
Händelsucher zurückhalten,
Eingebildeten den rechten Platz anweisen,
Streitende besänftigen,
Armen helfen,
Unterdrückte befreien,
Gute ermutigen,
Böse ertragen,
Und – ach – alle lieben.

Aus einer Predigt des hl. Augustinus (354–430), Bischof von Hippo in
Nordafrika, über seine Aufgaben *(Sermo 340, De ordinatione episcopi).*

Vorwort

Warum dieses Buch? Die wiederholte und sehr eindringliche Anregung dazu kam vom Styria Verlag, der die meisten meiner Bücher herausgegeben hat. Ich habe mich diesem Vorhaben anfangs widersetzt. Dann habe ich ihm aber doch zugestimmt. Es ging hier um die Herausforderung, am Ende von über 30 Jahren bischöflichen Leitungsdienstes im Gespräch mit dem renommierten und mir seit Jahrzehnten gut bekannten Journalisten Hans Winkler einiges von dem zu sagen, was mich besonders bewegt hat und noch bewegt – im Rückblick auf diese lange Zeit und im Rundblick auf Kirche und Gesellschaft heute, zumal auch in Ausrichtung auf die Zukunft. Sie ist uns im Ganzen unbekannt. Wir können aber – jeder von uns – denkend und hoffend, einzeln wie gemeinsam unseren Beitrag zur Gestaltung dieser Zukunft vorbereiten. Autobiographisches sollte dabei jeweils zu Themen hinführen, denen auch meine vier diesem Interviewbuch vorausgegangenen Sammelbände gewidmet waren. Mit den Titeln „Begegnungen unterwegs", „Seit ein Gespräch wir sind", „In und Gegen" und „Zeichen am Weg" präsentieren sie Gedanken über vier große Themen: Gott, Mensch, Gesellschaft und Kirche.

Die beiden Fragen „Was kommt?" und „Was bleibt?" bilden den Titel dieses Buches. Solche Fragen stellen sich an Zeitschwellen im Leben einzelner Menschen wie im Leben kleiner und großer Gemeinschaften. Sie überfordern oft die so Befragten, drängen sich aber dennoch immer wieder auf. Für mich als Bischof münden alle Versuche zu einer Antwort auf diese Fragen in den Text eines kleinen Gedichts, das als Gebet gegen Ende des Zweiten Weltkrieges während der Luftangriffe auf Berlin in einem Luftschutzkeller entstanden ist. Begleitet von einer Melodie ist es zu einem geistlichen Lied geworden. Sein Text wendet sich an Gott und lautet: „Alles ist eitel, Du aber bleibst, und wen Du ins Buch des Lebens schreibst." Das ist eine Verdichtung dessen, was ich in den hier präsentierten Gesprächen an einer Lebenswende sagen wollte.

✠ Egon Kapellari
Bischof von Graz-Seckau

Graz, am 4. Oktober 2013,
dem Fest des hl. Franziskus

Lebens- und Glaubensweg

Bischof inmitten der Kirche

▨ Herr Bischof, Sie stehen an einer Lebenswende. Sie werden von Ihrem Dienst als Diözesanbischof bald Abschied nehmen. Das trifft sich mit einem außerordentlichen Ereignis der Kirchengeschichte: Ein Papst ist zurückgetreten, was seit Jahrhunderten nicht vorgekommen ist. Der neue Papst wird dem Amt sein besonderes Gepräge und der Kirche gewissermaßen ein neues Gesicht geben. Was bewegt Sie in einem solchen Augenblick?

Ich bin nur einer von mehreren Tausend Diözesanbischöfen und überschätze keineswegs die Bedeutung der Kirche in Österreich und der Diözese Graz-Seckau im Verbund mit der Weltkirche. Wenn ich mich aber als Diözesanbischof nach fast 32 Jahren im Amt entsprechend dem Kirchenrecht zurückziehe, dann ist das für mich tatsächlich eine Lebenswende und selbstverständlich bewegt mich der Blick auf Benedikt XVI., den Papst emeritus, und auf den neuen Papst Franziskus.

▨ Als Bischof einer der größten Diözesen Österreichs und als Stellvertretender Vorsitzender der Bischofskonferenz haben Sie aber doch eine besondere Aufgabe in der österreichischen Kirche gehabt. Nehmen Sie eigentlich schwer Abschied?

Als Priester und Bischof wollte ich nie etwa anderes sein, als – wie der von mir sehr verehrte große Theologe Hans Urs von Balthasar von sich selbst gesagt hat – ein „Zeigefinger", der auf Christus hinweist. Gemeint ist damit der Finger des Täufers Johannes auf dem Karfreitagsbild des bekannten Isenheimer Altars von Matthias Grünewald im Museum Unterlinden in Colmar, der auf Jesus Christus hinzeigt. Ich verstehe Papst Franziskus wie auch seinen Vorgänger als ein großes Geschenk an die Weltkirche und so auch an die Kirche in Österreich. Und ich erwarte und hoffe – wie ich schon am Abend nach der Papstwahl in einem Interview für das österreichische Fernsehen gesagt habe –, dass er einen Schub fröhlich gelebter Bergpredigt in die Weltkirche einbringen wird. Einen Schub, der offensichtlich schon begonnen hat.

▨ *Sie haben sieben Päpste erlebt und drei von ihnen als Bischof.*
Wie hat aus Ihrer Sicht jeder von diesen Päpsten die Kirche geprägt?

Alle diese Päpste waren herausragende Christen und Katholiken, die in ihrer Unterschiedlichkeit einander auch ergänzt haben und die im Weltpanorama eine unübersehbare und im Ganzen ernst genommene Herausforderung an die ganze Christenheit, ja an die ganze Menschheit gewesen sind. Eine Herausforderung, der man zustimmen, an der man sich aber auch reiben konnte. Diese Päpste hatten eine wichtige Stimme im kollektiven Gewissen der Menschheit, auch wenn diese Stimme oft überhört wurde oder Widerspruch ausgelöst hat.

▨ *Zustimmung und Widerspruch hat es für Johannes Paul II. reichlich gegeben. Benedikt XVI. wurde gerade in seiner Heimat Deutschland wenig verstanden und viel kritisiert.*

Ja, es gab und gibt dort einen sozusagen stammestypischen Furor, der den deutschen Papst nur an den Regeln der dortigen political correctness messen wollte und dabei den globalen

Horizont der Weltkirche ausgeblendet hat. Dabei hat aber Benedikt XVI., freilich ohne dröhnende Stimme, besonders auch der europäischen Moderne und Postmoderne viel zu denken gegeben. Das ist zum Beispiel im Gespräch mit Jürgen Habermas zur Sprache gekommen. Die großen Reden in Paris, London, vor dem Berliner Bundestag, aber auch in Regensburg konnten trotz mancher Kritik nicht überhört werden. Das theologisch profunde Werk dieses Papstes ist und bleibt ein dynamisches Erbe für die Kirche inmitten der ganzen Christenheit und Menschheit.

■ *Hat Papst Benedikt XVI. durch seinen unvorhergesehenen Rücktritt sein Amt entmystifiziert und um seine spezielle Aura gebracht, wie manche, auch Kardinäle, kritisiert haben?*

Wir hatten uns an eine Ausprägung des Papstamtes gewöhnt, die stark symbolisch überhöht war. Diese Ausprägung hat aber, wie jede andere, nur einen begrenzten Spielraum. Papst Benedikt hat durch seinen Amtsverzicht diese Linie der Überhöhung unterbrochen. Für manche war das erfreulich, für andere enttäuschend. Er wollte jedenfalls vermeiden, dass er im Fall einer lang dauernden gesundheitlichen Blockade ebenso wie Johannes Paul II. öffentlich leiden und sterben würde. Dieser hatte damit einer Welt, die Leiden und Tod oft verdrängt, ein prophetisches Gegenbeispiel gegeben, das lange nachwirken wird. Aber ein Papst muss vor allem die Kirche leiten, ohne durch ein langfristiges Leiden daran gehindert zu sein. Papst und Bischöfe sind freilich gehalten, ihr Amt inmitten der Kirche so zu leben, dass auch Agnostiker und Atheisten die damit verbundene sakrale Dimension erkennen können. Das bedeutet aber nicht eine unberührbare Ferne und Abgehobenheit von den Menschen und ihrem Leben in Freuden und Schmerzen.

■ Mit Johannes Paul II. haben Sie viele persönliche Begegnungen gehabt, mit Benedikt XVI. sind Sie – wenn man das so sagen kann – befreundet. Wie ändert sich eine Beziehung eigentlich, wenn jemand dann in eine so herausgehobene Position kommt? Ist er dann noch erreichbar für einen Freund, der ein Bischof ist?

Ich kann das Wort „Freundschaft" nicht nur aus gebotener Bescheidenheit, sondern prinzipiell für meine Beziehung zum emeritierten Papst Benedikt XVI. nicht in Anspruch nehmen. Er hat mir aber viele Erweise freundlicher Verbundenheit gegeben. Die Begegnungen etwa bei den Generalaudienzen am Petersplatz, bei denen der Papst jeden anwesenden Bischof persönlich begrüßt, habe ich nie überstrapaziert und das, was ich ihm sagen wollte, immer extrem kurz gehalten.

■ Hat ein Bischof überhaupt die Möglichkeit, dem Papst etwas mitzuteilen? Das ist ja eine häufige Klage, dass er durch die Kurie abgeschirmt wird.

Man muss da realistisch sein. Es gibt rund 3000 Diözesen in der Weltkirche. Wenn es um Themen der Kirche in Österreich gegangen ist, habe ich aber immer Gelegenheit gehabt, mit den Päpsten – etwa bei ihren Besuchen in Österreich oder bei den Ad-limina-Besuchen der Bischöfe in Rom – ausführlich zu reden.

■ Auf den neuen Papst werden Wünsche jeder Art projiziert, die oft ganz gegensätzlich sind. Ist da nicht die Enttäuschung schon vorprogrammiert? Was erwarten Sie vom neuen Papst?

Den neuen Papst kenne ich nur durch die Medien, ich bin aber sehr dankbar für das, was er bisher getan und gesagt hat, ohne ihn mit einer Überlast an Hoffnung zu befrachten. Ich halte

Papst Franziskus nicht für einen Gegensatz, sondern für eine positive Ergänzung zu dem, was Benedikt XVI. gewesen ist. Auch er wird manche enttäuschen müssen, aber Enttäuschung hat ja auch eine positive Bedeutung, wenn damit eine Abkehr von illusionären Erwartungen gemeint ist. Papst Benedikt verkörpert meines Erachtens eher die Gestalt eines biblischen Weisheitslehrers, Franziskus zeigt mehr die Züge eines biblischen Propheten. Aber beide schöpfen aus derselben Quelle.

Der Name Benedikt war ein Programm. Er war gemeint als Hinweis auf die unverzichtbare Rolle Europas für die Kirche. Was verbinden Sie mit der Wahl des Namens Franziskus?

Der Name Franziskus ist ebenfalls ein Programm, und zwar ein besonders anspruchsvolles. Franz von Assisi stand Papst Innozenz III. in einer spannungsreichen Polarität gegenüber. Nun aber nennt sich ein Nachfolger von Innozenz III. selbst Franziskus. Das ist etwas Neues. Dieser Name ist, so glaube ich, ein prophetischer Impuls für die Weltkirche und für die Kirche in Europa, die in manchem müde und immunschwach, aber zugleich auch viel stärker ist, als viele wahrnehmen. Durch den Namen des Poverello aus Assisi verweist der Papst auf die immer nötige Verbindung eines frohen und wetterfesten Glaubens mit einem einfachen christlichen Lebensstil und dem Engagement besonders für Notleidende. Er versucht auch täglich, dies in der Nachfolge Christi anderen einladend zu zeigen. Ich denke hier besonders an die Fußwaschung bei der Gründonnerstagsfeier im römischen Gefängnis Casal del Marmo, an seinen bewegenden Besuch auf der Flüchtlingsinsel Lampedusa und an seine Begegnungen mit Armen, Drogenabhängigen und Strafgefangenen beim Weltjugendtag in Brasilien.

Was soll man von einem Papst aus Lateinamerika, auch wenn er italienische Wurzeln hat, für Europa erwarten?

Die Kirche wird sich in Europa, wo das Christentum in seiner bisherigen Geschichte am längsten und am ausgedehntesten wirksam war, auch in Zukunft behaupten müssen und behaupten können. Ohne die Kirche in Europa würde die Weltkirche in wichtigen Dimensionen geschwächt sein. Unser komplizierter und hochkultivierter Kontinent bleibt ein wichtiger und unersetzlicher Faktor – zum Beispiel – in der intellektuellen Auseinandersetzung der Kirche mit Zeitströmungen, die nicht nur Europa betreffen.

Beim Namen Franziskus liegt es nahe, die soziale Frage, die Frage von Armut und Reichtum, im Vordergrund zu sehen. Lässt sich die Gestalt des Franz von Assisi darauf reduzieren?

Franz von Assisi wird öfter missverstanden und in seinem Wesen reduziert, als dies bei Benedikt von Nursia der Fall ist. Der heilige Franz wird heute häufig nur in Anspruch genommen für ökologische Bewegungen, für einen reduzierten Begriff von Armut und für ein institutionenfeindliches Christentum. Man wird damit aber der Gesamtgestalt dieses Heiligen auf schwerwiegende Weise nicht gerecht.

Es klingt sehr suggestiv, wenn der neue Papst von einer „armen Kirche für die Armen" spricht. Was kann das bedeuten?

Papst Franziskus hat das Thema Armut der ganzen Kirche mit Nachdruck sozusagen auf den Tisch gelegt, und wir dürfen es nicht mit Interpretationskünsten wieder wegreden. Aber interpretieren müssen wir es jedenfalls, auch beginnend bei unserer je eigenen Situation. Wir sollten zuerst einmal fragen:

Was heißt Armut für mich, für jeden von uns konkret? Kann ich über soziale Gerechtigkeit in Österreich und global glaubhaft reden, wenn ich nicht zugleich bereit bin, meine privaten Mittel, die auch ein Priester hat, sozial einzusetzen? Mutter Teresa hat bekanntlich gesagt: Man muss helfen, bis es wehtut. Darüber hinaus müssen wir als Christen aber beharrlich an einer Verbesserung wirtschaftlicher und sozialer Strukturen im Dienst von Gerechtigkeit und auch Liebe mitarbeiten. Das ist eine Herausforderung an jeden Christen in jeder Epoche und an jede christliche Gemeinschaft, auch an die Diözesen in Österreich. Freilich braucht man dazu nicht nur viel Idealismus und Altruismus, sondern auch viel ökonomische Sachkompetenz. Gut gemeint muss da nicht schon gut sein.

Bei der Rede von der armen Kirche für die Armen stellt sich auch die Frage nach der innerkirchlichen Verteilungsgerechtigkeit. Nur die wohlhabenden Kirchen der Industrieländer können das Geld aufbringen und zur Verfügung stellen, ohne das viele arme Diözesen der Weltkirche nicht überleben und ihre Aufgaben erfüllen könnten.

In einer einzigen Woche vor nicht langer Zeit waren vier Bischöfe und Ordensleute aus Afrika und Asien bei mir zu Besuch, die für ihr Wirken unsere Hilfe brauchen. In Ruanda etwa leistet die Kirche nach einem grauenhaften Massaker ungemein viel für die Versöhnung zwischen Hutu und Tutsi. Unsere Diözese stellt entsprechend einer Initiative meines Vorgängers Bischof Johann Weber jährlich 2,5 Prozent ihres Einkommens aus dem Kirchenbeitrag dem sogenannten „Welthaus" für Entwicklungsprojekte in Afrika, Asien und Lateinamerika zur Verfügung. Das ist weltweit gesehen zwar nur ein Tropfen auf den heißen Stein, aber weitaus mehr, als zum Beispiel der Staat tut. Wir haben freilich keinen Grund, uns zufrieden auf die Schulter zu klopfen. Ob uns zumutbar wäre, viel mehr zu tun, diese Frage bleibt uns ein Stachel.

Gerade aus dem von Ihnen geförderten Welthaus würde Ihnen entgegengehalten werden, dass es nicht nur auf punktuelle Hilfe, sondern auf strukturelle Veränderungen ankommt.

Man braucht beides. Die von uns geförderten Projekte haben jedenfalls einen strukturellen Effekt. Wir bleiben aber eine unperfekte Kirche in einer unperfekten Welt. Unser Glaube sagt uns, dass es ein Paradies auf Erden innerhalb der Geschichte nicht geben wird. Das himmlische Jerusalem, von dem die Offenbarung des Johannes redet, liegt jenseits der Geschichte. Die Hoffnung darauf ist aber eine Inspiration und eine Quelle von Energie, damit wir uns immer neu für eine bessere Welt, „per un mondo migliore", wie Pater Lombardi gesagt hat, einsetzen. Das darf aber nicht mit einem innerweltlichen Heilsentwurf verwechselt werden. Im 20. Jahrhundert haben Marxisten und Nationalsozialisten auch versprengte christliche Wahrheiten in Anspruch genommen, um Sozialmodelle zu entwickeln, die fürchterliche Verwüstungen angerichtet haben, obwohl sie mit einem humanistischen Anspruch angetreten waren.

Totalitären Versuchungen waren aber auch die Christen und ihre Kirchen oft ausgesetzt. Wie bewahrt man sich davor, ihnen zu erliegen?

Man muss um diese Gefahr wissen und kann dagegen einiges aus der Geschichte lernen. Die Immunisierung der Kirche gegen solche Gefahren fängt beim einzelnen Christen an. Mutter Teresa hat auf die Frage, was sich an der Kirche ändern müsste, lapidar gesagt: „You and me." Und gerade im Blick auf diese exemplarische Christin sollte auch deutlich sein, dass zu einem herzeigbaren Christentum eine starke Empathie gehört, die beim Einzelnen anfängt und dann weitere Kreise ziehen kann. Die Kirche ist dadurch selbstverständlich nicht davon entpflichtet, auch als Ganze so zu handeln, aber sie lebt dabei unersetzbar aus der reifen Entscheidung unzähliger einzelner Christen und ihrer kleinen Gemeinschaften.

Kehren wir zu Franz von Assisi zurück. Sie haben gesagt, er werde in seinem Wesen missverstanden. Gibt es verborgene Wahrheiten über ihn?

Franz von Assisi würde uns heute wohl nicht raten, die Liturgie möglichst ärmlich zu gestalten. Er hat zum Beispiel verlangt, dass die Kelche kostbar seien und dass für die Altartücher schönes Leinen verwendet werde. Er wollte keine liturgische Armut mit einem Hang zur Schäbigkeit. Das Konzil hat für die Liturgie die berühmte Formel geprägt, dass der Ritus den „Glanz edler Einfachheit" haben soll. Einfachheit heißt nicht Stillosigkeit. Edel und einfach kann freilich auch unnötig kostspielig werden. Eine holländische Ordensoberin ist nach dem Konzil beim Neubau ihres Klosters für dessen klare, einfache Architektur gelobt worden. Sie sagte dazu in sanfter Ironie: „Wenn wir mehr Geld gehabt hätten, wäre alles noch einfacher geworden."

Die Kirche kommt aber um die Spannung zwischen dem Sozialen und dem Sakralen nie ganz herum.

Diese Spannung kann durchaus fruchtbar sein. Jesus hat auch das Sakrale im Leben verteidigt. Im Matthäusevangelium wird erzählt, dass eine Frau Jesus kurz vor seinem Tod mit einer großen Menge von damals sehr teurem Nardenöl die Füße gesalbt hat. Judas, als Anwalt sozialer Gerechtigkeit, sagte dann, man hätte das teure Öl verkaufen und das Geld den Armen geben sollen. Jesus antwortete ihm: „Lasst sie, sie hat es für mein Begräbnis getan." Er hat hier die Ebene bloßer ökonomischer Verteilungsgerechtigkeit verlassen und darauf hingewiesen, dass es noch eine andere Dimension gibt, man kann sie – glaube ich – sakral nennen.

Der neue Papst hat auf manche Titel verzichtet, beharrt aber auf einem sehr entschieden, nämlich dem des Bischofs von Rom. Wie soll man das verstehen?

Man darf daraus nicht schließen, dass der Papst hinter das I. Vatikanische Konzil zurückgehen könnte, das den Papst als Universalbischof der katholischen Kirche definiert hat. Der Papst ist inmitten des Weltepiskopats nicht bloß der *primus inter pares*. Es gibt in der Kirchengeschichte, wie zum Beispiel der Theologe Karl Rahner gesagt hat, in vielem eine Einbahnstraße. Manche Ereignisse und Festlegungen sind nicht umkehrbar. Sie entwickeln sich in einer konkreten Epoche aus dem Quellgrund des Ursprungs der Kirche und stehen zu ihm nicht in einem Gegensatz.

Wie, glauben Sie, wird er das Amt – um es österreichisch salopp zu sagen – „anlegen"?

Die Ausübung des päpstlichen Primates hat allemal einen Gestaltungsspielraum. Franziskus wird aber alle enttäuschen müssen, die meinen, man könne den Papst – ich sage das in aller ökumenischen Freundlichkeit – auf den Typus eines Weltkirchenratspräsidenten reduzieren. Er bleibt auch eine Sakralfigur. Ob er eine rote Stola über dem weißen Talar trägt, ist belanglos, aber dass er erkennbar ist, halte ich für ganz wichtig. Die Kirche lebt auch aus der Kraft von Symbolen. Der Papst wird aber auch jene enttäuschen müssen, die ängstlich an allen Ranken des Gewordenen festhalten wollen.

▨ Der Papst hat eine Arbeitsgruppe zur Kurienreform eingesetzt, die ihm auch Vorschläge für eine neue Weise der Leitung der Weltkirche machen soll. Das Konzil hat der Kollegialität der Bischöfe eine große Bedeutung gegeben. Was könnten Sie sich an Neuerungen vorstellen?

Da lässt sich vieles gestalten, aber nicht im Galopp. Gestaltungswillen im Sinne des Konzils und praktizierter Kollegialität hat der Papst bereits gezeigt durch die Einsetzung dieses Kollegiums von acht Kardinälen, die insgesamt alle Kontinente vertreten. Diese Gruppe wird aber nicht nur Strukturreformen der Kirchenleitung diskutieren, sondern auch pastorale Fragen. Ein Thema wird sicher auch der Umgang mit wiederverheirateten Geschiedenen sein.

▨ Woher kommt die unerhörte Faszination, die die Gestalt eines Papstes auf die Welt ausübt, weit über die Grenzen seiner Kirche hinaus?

Dazu möchte ich mit einem Zitat aus der renommierten Hamburger Wochenzeitung „Die Zeit" antworten, die nicht gerade als sehr kirchennah, geschweige denn katholisch, bekannt ist. Dort haben die bekannten Journalisten Jan Roß und Patrik Schwarz am 7. Mai 2009 über Papst Benedikt XVI. Folgendes gesagt: „An der Spitze der katholischen Kirche steht heute ein Intellektueller, der zu den Schlüsselthemen der Gegenwart nicht weniger zu sagen hat als weltliche Köpfe wie Habermas oder Rushdie. Der mit dem Christentum einen dritten Weg zwischen Fundamentalismus und Relativismus sucht – also ungefähr das, wonach jeder denkende Zeitgenosse sich sehnt. … [Papst] Benedikt ist eine kostbare, gefährdete Spätblüte Europas, sein Pontifikat so etwas wie eine Arche für die Schätze des Abendlandes, vom Latein bis zu den Heiligen. Ein Mann, der in Worten, die nicht aus Plastik sind, die großen Fragen stellen kann: Gibt es Gott? Wie sollen wir leben? Was ist der Mensch?"

Aber auch die ehrwürdig traditionellen Einrichtungen der Papstwahl im Konklave, die Rituale des schwarzen und weißen Rauches und schließlich die Präsentation des Gewählten auf der Loggia des Petersdoms üben eine große Faszination auf die Menschen aus.

Hier zeigt sich einmal mehr, dass Symbole und Bilder gerade auch für eine global vernetzte Menschheit ungemein wichtig sind. Menschen, die sich für die Kirche den Abbau möglichst vieler Symbole wünschen und denen ein Papst mit Krawatte am liebsten wäre, bedienen eher nur ihre eigenen Emotionen. Ich hoffe, dass solche Kräfte nicht stärker werden. Wenn man auf Symbole, die auch entlasten, verzichtet, wird die Kirche einem maßlosen ethischen Perfektionsdruck ausgeliefert.

Bischöfe stellen ihr Wirken seit Jahrhunderten unter das Symbol eines Wappens und fügen diesem Wappen einen Wahlspruch hinzu. Was wollten Sie mit Ihrem Wahlspruch „Alles ist euer – ihr aber gehört Christus" zum Ausdruck bringen?

Für den Wahlspruch musste ich mich in sehr kurzer Zeit entscheiden, weil Mitarbeiter in Klagenfurt mit der Nachricht meiner Ernennung zum Diözesanbischof von Gurk auch diesen Wahlspruch, dieses Leitwort bekannt geben wollten. Ich habe mich für ein Wort des Apostels Paulus aus dem Zweiten Korintherbrief entschieden. Dieses Wort ist mir ganz spontan zugekommen. Es ist einerseits synthetisch und andererseits kritisch. Ich wollte den Katholiken meiner Diözese, die von der Natur und Kultur her und auch durch die Begabung der hier lebenden Menschen sehr reich beschenkt ist, sagen, dass ich mich über all das mit ihnen freue. Zugleich wollte ich aber sagen, dass ich ein Bote, ein Zeuge Jesu Christi bin und dass ich sie einlade, mit mir auf Jesus Christus zu schauen und im Blick auf ihn dem dreifaltigen Gott für die Schöpfung und Erlösung der Welt zu danken. Ähnliches wollte der Apostel Paulus der Gemeinde von Korinth sagen, die an einem Brennpunkt vieler Kulturen angesiedelt und angesichts dieser Pluralität bedroht war, Christus aus dem Blick zu verlieren.

■ *Und was ist die Botschaft Ihres Wappens?*

Dieses Wappen umfasst einerseits das Dauerwappen aller meiner bischöflichen Amtsvorgänger. Ich bin der 57. in der langen Reihe der Seckauer Diözesanbischöfe seit der Gründung der Diözese Seckau im Jahr 1218, die übrigens erst seit dem Jahr 1963 den Doppelnamen Graz-Seckau trägt, um darauf hinzuweisen, dass die Landeshauptstadt Graz Residenz des Bischofs ist. Das Wappen der Bischöfe zeigt von Anfang an eine segnende Hand, die von einem weiten Ärmel umgeben ist. Das ist ein Hinweis auf etwas, was nicht nur Priester und Bischöfe, sondern alle Christen tun können und tun sollen, nämlich in Gottes Namen segnen. Die Bischöfe haben freilich, dies umgreifend, einen besonderen Auftrag und eine besondere Vollmacht zu segnen.

Ihr Wappen zeigt in seiner zweiten Hälfte einen Kelch, der eine Hostie umgibt. Das ist offenkundig ein Hinweis auf das Sakrament der Eucharistie.

Ich habe dieses Zentralsymbol der Liturgie ganz bewusst gewählt. Die Kirche lebt ja besonders aus dieser Quelle und erneuert sich aus ihr immer wieder. Wer aber dieses Eucharistiesymbol genauer betrachtet, wird entdecken, dass die Konturen des Kelches nicht geschwungen sind, sondern einen Großbuchstaben aus dem griechischen Alphabet darstellen. Er ist zugleich der Anfangsbuchstabe des griechischen Wortes „Christos", also des Namens Jesu Christi. Wer auch die anderen Großbuchstaben des griechischen Alphabets kennt, wird jeden Buchstaben des Wortes „Christos" in der Gesamtgestalt von Kelch und Hostie wiederfinden. Das Wappen hat also eine zweite, eher verborgene Bedeutungsebene, indem es auch den Namen Jesu Christi darstellt: den Namen, der auch im Wahlspruch enthalten ist. So gesehen sind Wappen und Wahlspruch eine verdichtete Predigt über das Zentrale unseres christlichen Glaubens.

Jahre des Lernens

Sie stammen aus einer Familie aus Leoben in der Obersteiermark, aus bescheidenen Verhältnissen. Wie geht der Lebensweg aus einer solchen Familie zum Studium, Priestertum und schließlich bis zum Bischof?

Im Rückblick kann ich sagen, dass an allen großen Stationen meines bisherigen Lebens das meiste ganz und gar nicht geplant war. In meiner Familie war ich im weiten Umfeld der erste Sohn, Enkel oder Cousin mit Matura. Mein Vater war zuerst Arbeiter in einer Kohlengrube und dann durch Jahrzehnte im Dienst der Post. Die Großeltern waren aus bäuerlichen Milieus in Kärnten und in Slowenien nach Leoben gekommen, um hier Arbeit zu finden. Beide Großväter waren ebenfalls Bergknappen. Mein Familienname verbindet mich mit italienischen Vorfahren aus Friaul und Venetien. In Kärnten wurde er im frühen 19. Jahrhundert leider germanisiert. Richtig wäre die Lesart Cappellari.

Erinnern Sie sich an ein Erlebnis aus Ihrer Jugend, das für Sie prägend gewesen ist?

Im Jahr 1945 war in Leoben, wo wir gewohnt haben, die Versorgung mit Lebensmitteln zusammengebrochen. Wir waren sehr hungrig. Schließlich hat meine Mutter einen Wecken Brot heimgebracht. Mein Bruder und ich haben gehofft, dieses Brot würde ganz unserer Familie gehören. Die Mutter hat aber gesagt, unsere Nachbarsfamilie, es gab im Haus nur eine solche Familie, habe auch Hunger, und sie hat einen großen Teil von diesem Brot dorthin verschenkt.

Wenn Sie der Erste in Ihrer Familie sind, der die Matura gemacht hat, wie ist es dazu gekommen?

Mein Vater war, glaube ich, noch Soldat bei der Deutschen Wehrmacht, als der Direktor meiner Volksschule meine Mutter gerufen und gesagt hat: „Der Bub ist begabt, er soll ins Gymnasium gehen." Die Schule war dann im Jahr 1945 bald schon geschlossen, weil im Schulhaus Flüchtlinge untergebracht werden mussten. Der Direktor hat aber für einige von ihm ausgewählte Schüler, unter denen auch ich war, in einem anderen Haus Sonderunterricht zur Vorbereitung auf die Aufnahmsprüfung ins Gymnasium gegeben.

Das war also ein idealistischer Lehrer in der Zeit eines allgemeinen Zusammenbruchs, in der die Leute meistens andere Sorgen gehabt haben, als sich um die Kinder anderer zu kümmern. Sind Sie ihm später noch einmal begegnet? Und hat er Ihren Weg verfolgt?

Diesem Mann als einem Instrument der Vorsehung, wie ich heute sagen kann, verdanke ich meinen Weg ins Gymnasium und indirekt in alle späteren höheren Schulen. Als Gymnasiast konnte ich später seine perfektionierende Hilfe in zwei Fächern in Anspruch nehmen. Er hat auch noch meine Priesterweihe im Jahr 1961 erlebt.

▣ Dass Sie ins Gymnasium gehen und dann später studieren konnten, hat das für die Eltern viel bedeutet?

Der Vater war zur Zeit der Vorentscheidung noch eingerückt. Die Mutter hat das mit dem Schuldirektor allein ausmachen müssen. Ich wurde aber als Kind und Jugendlicher weder vom Vater noch von der Mutter her am kurzen Band gehalten. Schon sehr früh habe ich viel gelesen, was sich dann später im Gymnasium im Sprachunterricht positiv ausgewirkt hat und überhaupt lebensprägend geworden ist.

▣ Sie haben sich immer wieder in großer Dankbarkeit und Hochachtung über Ihre Eltern, besonders über Ihre Mutter, geäußert. Was haben Sie von ihnen erfahren, gelernt?

Beide Eltern waren und bleiben für mich ein ebenso einfaches wie glaubhaftes Vorbild. Der Kirche standen sie nicht negativ, aber doch eher distanziert gegenüber, wie es im sozialen Milieu, dem sie angehörten, mehrheitlich üblich war. Beide haben uns Kindern gezeigt, dass man anderen Menschen, die das dringend brauchen, helfen soll und dass das schließlich allen Freude macht. Diese anderen waren nicht nur Verwandte oder Freunde. Jahrzehnte später habe ich von einem dazu passenden Wort der Mutter Teresa Kenntnis bekommen. Sie hat gesagt: „Man muss auch helfen, wenn es schon etwas wehtut."

▣ Gibt es so etwas wie eine persönliche Bildungsgeschichte? Wie hat die begonnen?

Diese Frage erinnert mich an eine folgenreiche Episode. Es war, glaube ich, im Jahr 1946. Wir haben damals im Gebäude des Hauptpostamtes von Leoben gewohnt, und ein Beamter hat gefragt, ob ich einige Bücher, die er aus der Stadtbücherei entlehnt hatte, dorthin zurückbringen könne. Ich habe das getan und habe so erst erfahren, dass es diese Bücherei gab. Die Leiterin, eine freundliche ältere Frau, hat mir dort gesagt: „Wir haben auch eine Abteilung für Kinder und Jugendliche. Möchtest dich nicht einschreiben lassen?" Das habe ich getan und infolgedessen eine Unmenge von Büchern gelesen. Kurioserweise habe ich von Karl May ganz wenig gelesen, weil ich mit seinem autobiographischen Buch begonnen und es nach einigen Seiten als langweilig empfunden habe.

Wann und wie sind Ihnen die Kirche und der christliche Glaube zum ersten Mal greifbar begegnet?

Ich erinnere mich noch gut daran, dass meine Mutter mir schon in der Kriegszeit einmal die Weihnachtskrippe in der schönen ehemaligen Jesuitenkirche und heutigen Pfarrkirche St. Xaver in Leoben gezeigt hat. Ein Laienbruder des Jesuitenordens hat diese Krippe im 18. Jahrhundert geschaffen. Besonders interessant war für mich dort ein Opferstock in Gestalt eines Kapuziners, der, wenn man einen Pfennig hineinwarf, genickt hat. Das hat mir sehr gefallen; ich habe meine Mutter gedrängt, mehrmals Münzen einzuwerfen, damit das Nicken länger gedauert hat. Das war zwar nicht zentral religiös, hat mir aber die Kirche sympathisch gemacht. Auch an das Heilige Grab erinnere ich mich, das in der Karwoche prächtig inszeniert war mit großen Glaskugeln, die von innen beleuchtet waren und die Skulptur des toten Christus zusammen mit vielen Blumen umgeben haben. Ich glaube, es waren Zyklamen und Hyazinthen. Diese zwei optischen Erlebnisse – bezogen auf Weihnachten und auf Ostern – waren schon da, bevor ich ins Gymnasium gekommen bin. Das war eine erste kirchliche Prägung in einer Zeit, als die

Nationalsozialisten die Kirche fast gänzlich aus der Öffentlichkeit verdrängt hatten.

Wie und durch wen ist aus diesen kindlichen Erfahrungen ein explizites Verhältnis zum Glauben und zur Kirche geworden?

Nach dem Krieg, in der Zeit, als Lebensmittel noch knapp waren, haben meine Eltern entfernt verwandte Bauersleute in der Südsteiermark entdeckt, die bereit waren, mich während der ganzen Sommerferien aufzunehmen. Ich war dann als Untergymnasiast in allen Sommern dort und habe in Haus, Stall und Feld mitgearbeitet. Die Gastgeber waren stark in der Kirche verwurzelt und haben mich am Sonntag immer zum Gottesdienst in die Pfarrkirche mitgenommen. Dort habe ich Liturgie erstmals nachhaltig als faszinierend erlebt, und das prägt mich bis heute.

Religionsunterricht hatten Sie erst, als Sie schon fast zehn Jahre alt waren?

Ja, ab dem Beginn der Gymnasialzeit im Herbst 1945. Dieser Unterricht war bis zur fünften Klasse ebenfalls sehr ansprechend. Religiös wurde ich von niemandem gedrängt, aber auch von niemandem behindert. Meine Großmutter, eine Kärntnerin aus dem Gurktal, war eine sehr wohltätige und hoch angesehene Hebamme im Milieu der Bergarbeiterfamilien in Leoben-Seegraben. Ab 1945 und bis zu ihrem Tod im Jahr 1954 war sie aber durch eine Lähmung gehunfähig. Ich verbrachte als Schüler das Wochenende oft bei ihr und dem Großvater. Sie war eine etwas kirchenkritische, aber fromme Kärntner Katholikin. Am Abend hat sie anhand eines Buches immer still gebetet, und ich habe schließlich begonnen zu fragen: „Gibt es Gott, und wenn es ihn gibt, warum lässt er diese Frau, die so viel Gutes getan hat, so leiden?" Diese Frage war nicht immer sehr intensiv da, aber sie hat mich bis zur Maturaprüfung und in die Zeit des anschließenden Jusstudiums hinein begleitet. Für eine Entscheidung zum Priesterberuf war ich damals noch nicht reif.

Auf diesem Weg sind Ihnen aber auch andere Menschen begegnet, die für Ihre spätere Entscheidung maßgebend wurden.

Vor allem war es Josef Pfandl, mein Religionsprofessor in der 8. Klasse. Er hat die bis dahin meist verschlossene ehemalige Pfarrkirche St. Jakob wieder geöffnet und zum Mittelpunkt einer sehr lebendigen Gemeinschaft von Schülerinnen und Schülern unseres Gymnasiums gemacht. Die dort gefeierte Liturgie war frei von versteinerten Krusten, aber durchaus von sakraler Würde geprägt. Pfandl hat auch eine Leihbibliothek für die jungen Leute eingerichtet. Da ich während meines Jusstudiums nach der Matura wegen der knappen Geldmittel in meiner Familie weiterhin in Leoben gewohnt habe und unter Ausnützung des verbilligten Studententarifs mindestens viermal in jeder Woche mit der Bahn nach Graz gefahren bin, konnte ich am Wochenende die Liturgie in St. Jakob mitfeiern und die Bibliothek des Professors in Anspruch nehmen. Da hat sich für mich sozusagen eine „neue Welt" aufgetan, vor allem durch die Literaten des sogenannten „Renouveau catholique".

Wer sind diese Autoren?

Einige von ihnen gehörten zu den damals bekanntesten zeitgenössischen Autoren in Deutschland, Frankreich und England. So der Nobelpreisträger François Mauriac. Die meisten waren zur katholischen Kirche konvertiert. Unter ihnen waren die

Deutschen Reinhold Schneider, Gertrud von Le Fort und Werner Bergengruen und die Briten Gilbert K. Chesterton, Graham Greene, Bruce Marshall und Evelyn Waugh. Besonders wichtig wurden für mich die Franzosen Paul Claudel, Georges Bernanos, Charles Peguy und – wie schon gesagt – François Mauriac. Alle diese Frauen und Männer haben mein damals noch sehr schwaches katholisches Selbstbewusstsein gestärkt und meinen Weg zum Dienst als Priester geöffnet, ohne dass ich dies auch nur geahnt hätte. In seinen „Confessiones" erzählt Augustinus, dass er sich im Blick auf seine zum Christentum bekehrten Freunde und auf seine Hemmungen vor dieser Schwelle gefragt habe: „Wenn diese und andere es zuwege gebracht haben, sich für das Christentum zu entscheiden, warum dann nicht auch ich?" Ich habe mich im Blick auf diese Literaten so ähnlich gefühlt und meine Glaubenszweifel relativiert. Für mich kleinen Provinzstudenten war dies eine Herausforderung, mindestens keine Entscheidung gegen ein entschlossenes Christsein zu treffen, sondern den Weg nach vorne offen zu lassen.

Würden Sie einem jungen Menschen die Lektüre dieser Autoren heute noch empfehlen?

Ja, und ich habe manchmal auch Gelegenheit, dies zu tun. Der Roman „Das Tagebuch eines Landpfarrers" von Bernanos ist für Peter Handke bis heute eines der ihn am meisten faszinierenden Bücher. Claudel, Bernanos, Reinhold Schneider, Graham Greene, aber auch Julien Green, dem ich erst später begegnet bin, verdienen es nicht, zum Beispiel von Thomas Bernhard und Elfriede Jelinek verdrängt zu werden. Julien Green hat sein Grab in der Klagenfurter Kirche St. Egid erbeten und gefunden.

Dimensionen des Neuen

Sie haben das Jusstudium abgeschlossen, hatten aber schon länger vorher den Entschluss gefasst, Priester zu werden. Wohin hat Sie da Ihr Weg geführt?

Ich wollte das Theologiestudium in Innsbruck absolvieren, um dort Professoren wie Karl Rahner zu hören. Und ich wollte von Anfang an in einem Priesterseminar leben, und zwar als Priesterkandidat meiner Heimatdiözese Graz. Bischof Schoiswohl war aber der Meinung, dass ich erst im dritten Studienjahr nach auswärts gehen sollte, und dachte da auch an Rom. Nach ungefähr 1000 Bahnfahrten mit dem billigen Studententarif auf der 70-km-Strecke Leoben-Graz gesundheitlich angeschlagen, wollte ich in der Ruhe eines auswärtigen Priesterseminars studieren und auch ein Magenleiden auskurieren. Das Canisianum in Innsbruck war zu teuer, ich bekam ja für das Zweitstudium kein Stipendium und auch die Kinderbeihilfe an die Eltern entfiel. So ging ich mit Zustimmung des Bischofs für zwei Jahre in das Priesterseminar von Salzburg. Sein Leiter war der zukünftige Erzbischof Karl Berg, der mich 25 Jahre später im Klagenfurter Dom zum Bischof geweiht hat – eine schöne Fügung. Von Salzburg bin ich dann im Herbst 1959 nach Graz zurückgekehrt und wurde als Alumne des Priesterseminars 1961 noch als Student zum

Priester geweiht. Ab September 1962 war ich dann Seelsorger in der Grazer Diözese.

▨ Was waren Ihre ersten Posten als Seelsorger?

Ich wurde für eineinhalb Jahre Kaplan in einer Grazer Pfarre mit industrieller Prägung und habe dort viele wichtige Erfahrungen unter durchaus schwierigen Bedingungen gemacht. Es gab zum Beispiel fast keine Räume für Veranstaltungen außerhalb der Liturgie, wir mussten ständig improvisieren. Die Wohnung war auf einem heute kaum vorstellbar niedrigen Standard. Das alles hat mich in der Freude an der Seelsorge nicht beeinträchtigt, im Gegenteil: Ich wollte noch möglichst viele Jahre auf diesem Posten bleiben. Das wurde plötzlich beendet, weil der Leiter des Priesterseminars im Jänner 1964 einem Herzschlag erlegen war und der Studentenpfarrer für die Grazer Hochschulen sein Amt übernehmen musste. Und ich wurde mit 1. Februar, also mitten im Studienjahr, Leiter der profilierten Katholischen Hochschulgemeinde.

▨ Haben Sie sich um den Posten des Hochschulseelsorgers beworben?

Nein, im Gegenteil. Ich hatte Furcht, dem nicht gewachsen zu sein. Überhaupt haben sich Priester damals um keinen Posten beworben, ausgenommen um die Leitung einer Pfarre, wenn diese zur Bewerbung ausgeschrieben war. Im Grunde ist das auch heute noch so, aber heute werden alle sorgsam gefragt, während damals Verfügbarkeit als normal empfunden und ohne Wehleidigkeit von den meisten akzeptiert wurde.

▨ Ihre Zeit als Hochschulseelsorger hat fast 18 Jahre gedauert, nämlich von Februar 1964 bis Dezember 1981, als Sie zum Diözesan-

bischof der Kärntner Diözese Gurk ernannt wurden. Daneben waren
Sie durch viele Jahre auch Mitglied des Leitungskollegiums im
Grazer Priesterseminar und durch einige Jahre Geistlicher Assistent
der Katholischen Aktion in der Steiermark. Diese Jahre waren für
Sie, aber auch für viele Ihnen anvertraute Menschen, sehr prägend.
Sie erinnern sich gerne daran, und auch viele Menschen aus Ihrer
Hochschulgemeinde tun dies.

Ich habe wenig Erfahrung in dieses Amt mitgebracht und habe
diesen Mangel auch nicht versteckt. Daher haben mir die Studierenden sehr geholfen. Schon im zweiten Jahr musste ich zudem
mit dem Umbau des Studentenhauses beginnen. Dieses Haus
war eine Verbindung von Studentenheim und Begegnungszentrum, auch für viele außerhalb wohnende Studierende. Die Mit-
tagsmensa wurde täglich von rund 300 Studierenden besucht.
Ich musste anfangen, Geld aufzutreiben, um deren Defizit ab-
zudecken und vor allem den Umbau des Hauses zu finanzieren.
Das Bauen war mir allemal viel weniger wichtig als die Seelsorge, es hat natürlich viel Zeit und Kraft verlangt, aber auch die
Seelsorge inspiriert.

Schon dieser erste Umbau hat zu einem geglückten Ergebnis
geführt, das in der Architekturszene sehr akzeptiert wurde.

Wir hatten das Glück, dass zwei im Haus wohnende Studenten
der Architektur aus Tirol – Richard Gratl und Peter Thurner –
die Planung übernehmen konnten. Richard Gratl hat dann auch
die Planung für den Umbau der zusätzlich erworbenen oder
gemieteten Studentenhäuser in der Strassoldogasse und in der
Münzgrabenstraße durchgeführt. Wir haben dafür viel Anerkennung, auch Architekturpreise, erhalten.

Die Grazer Katholische Hochschulgemeinde wurde in diesen Jahren ein weithin in Kirche wie Gesellschaft ausstrahlendes Forum, ein Forum auch des Gesprächs über und mit Wissenschaft, Kunst, Politik und Medien.

Die Mitte war hier aber immer der Gottesdienst; beim sonntäglichen Hauptgottesdienst am Abend war die Stiegenkirche immer dicht gefüllt. Unsere Häuser hatten offene Türen, aber auch Schwellen zur Unterscheidung der Geister. Wer seine Türen aufmacht, der sollte wissen, wer er selbst ist, habe ich oft zu den katholischen Studierenden gesagt. Täglich sind auch Anders- oder Nichtglaubende hier ein- und ausgegangen, und nicht wenige haben hier gewohnt.

Das zur Katholischen Hochschulgemeinde gehörende und ihrem Studentenhaus benachbarte Afro-Asiatische-Institut war ebenfalls ein Gefüge aus Studierendenwohnheim und Begegnungszentrum und hat täglich globale Perspektiven in das Gesamtmilieu eingebracht.

Es gab dadurch ständige interkulturelle, aber auch interreligiöse Kontakte, besonders mit dem Islam. Fast an jedem Tag war ich auch selbst daran beteiligt – es haben sich für mich bis heute bestehende Freundschaften mit manchen Muslimen ergeben. Zeitweise haben in Graz mehr als 1000 muslimische Studenten gelebt.

Als das ominöse Jahr 1968 anbrach, waren Sie schon Hochschulseelsorger. Joseph Ratzinger hat diese Jahre als einen traumatischen Bruch erlebt und daraus eine kultur- und zeitkritische Haltung entwickelt, die ihn bis heute begleitet. Haben Sie dafür Verständnis?

Ich kann das gut verstehen. In dieser Zuspitzung habe ich diese Zeit aber selbst nicht erlebt. Im Vergleich zu den Studentenunruhen in Paris oder Berlin, und abgeschwächt auch in Wien, war die studentische Szene in Graz nicht aggressiv turbulent.

Mancher Druck war hier durch einige vernünftige Reformen der Universitätsstruktur schon vor dem studentischen Aufbegehren herausgenommen worden. Die Dimensionen des Neuen erfasst man oft erst später. Ich war ein noch ziemlich junger und nicht sehr erfahrener Priester, was die Einschätzung des Ganzen betraf. Mein betagter, vorbildlicher und sehr erfahrener Wiener Kollege Karl Strobl hat die Dramatik einer sich anbahnenden Kulturrevolution erkannt und wurde schließlich von Studierenden aus seinem Amt gedrängt.

Sie waren einer der wenigen Studentenpfarrer im deutschen Sprachraum, die diesen Umbruch überstanden haben und deren Studentengemeinde darin und nachher sogar gewachsen ist. Warum?

Vielleicht weil ich einerseits flexibel war und die Ängste meines Wiener Kollegen nicht ganz verstand. Andererseits war ich kein Schilfrohr und schon damals theologisch und spirituell in der Mitte und Tiefe der Kirche angesiedelt. Wir waren offen für viele neue Perspektiven in Kirche, Kunst, Politik und anderen Dimensionen; wir haben von vielen Seiten her Gäste eingeladen und uns deren Denken ausgesetzt. Die Liturgie der Messe als Herzstück der Hochschulgemeinde habe ich aber nie unbedachten Experimenten ausgeliefert; wohl gerade deswegen war die Stiegenkirche beim abendlichen Hauptgottesdienst unserer Hochschulgemeinde in all den Jahren und auch nachher immer dicht besetzt.

Was war aus Ihren achtzehn Jahren als Hochschulseelsorger für Ihren nachfolgenden bischöflichen Dienst besonders hilfreich?

Sehr viel habe ich als Bischof erst später und auch auf dem Umweg über Fehler gelernt. Und sehr wichtig war auch die

Erfahrung, die ich schon als Schüler in fünf Ferien auf einem südsteirischen Bauenhof erworben hatte, und dann die Erfahrung durch die Ferialarbeit in obersteirischen Industriebetrieben als Gymnasiast und Jusstudent. Durch die Hochschulseelsorge habe ich gelernt, mit unzähligen jungen Menschen in Zuspruch und auch Widerspruch umzugehen. Beim Abschied habe ich gesagt: „Man musste hier mehr Ohr als Mund sein." Und ich musste mich auch reichlich mit Finanzen, Verwaltung und Bauten befassen, weil vieles einfach nicht delegierbar war. Das hat mir dann als Bischof sehr geholfen.

Gott –
Mitte des Glaubens

Der dreifaltige Gott

Kardinal Walter Kasper, der frühere Präsident des Päpstlichen Rates zur Förderung der Einheit der Christen, meinte, die eigentliche Frage unserer Zeit sei nicht die Kirchenreform, sondern die nach Gott. Viele Menschen, gerade in der westlichen Welt, glauben aber nicht an Gott und kommen damit ganz gut aus. Sie sind nicht weniger glücklich als andere und leben auch nicht schlechter, oft ganz im Gegenteil. Wie erklären Sie diesen Menschen Gott und dass Sie an ihn glauben?

Der russische Schriftsteller und Dissident Andrej Sinjawski hat vor einigen Jahrzehnten im kritischen Blick auf die jüngere russische Geschichte gesagt: „Wir haben lange genug vom Menschen geredet. Es wird Zeit, wieder von Gott zu reden." Die Bibel redet immer von beiden, aber die Rede von Gott hat den Vorrang. „Gott ist es wert, um seiner selbst willen geliebt zu werden", sagt der Theologe Karl Rahner. Anders ausgedrückt: Wer Gott auf ein Mittel für irgendeinen noch so erhabenen Zweck reduziert, der verfehlt ihn. Als Menschen sind wir aber Mängelwesen und dürfen, ja müssen uns immer wieder nach allem umschauen, das helfen kann, unser Vakuum zu verkleinern oder gar auszufüllen. „Wer braucht Gott?", fragt Kardinal Christoph Schönborn in einem Gespräch mit der Fernsehmoderatorin Barbara Stöckl, das in einem Buch dokumentiert ist. Die Spannung zwischen der Bereitschaft, von Gott nichts zu fordern, und dem Drang, ihn inständig zu bitten, zieht sich wie ein Webmuster durch die ganze Bibel und kann nicht harmonisch aufgelöst werden. Der konkrete religiöse Mensch steht immer irgendwo zwischen diesen beiden Polen.

Die klassische Religionskritik sagt, Gott sei nur eine Projektion unserer Sehnsüchte. Gibt es ihn wirklich und nicht nur in unseren Wünschen?

Das Christentum sagt, es gibt ihn wirklich. Auf diesem Grund stehe auch ich mit meiner ganzen Existenz. Er lässt sich nicht rational zwingend beweisen, aber er tritt immer wieder – oft ganz unerwartet – in das Leben von an ihn Glaubenden oder auch Nichtglaubenden dramatisch oder leise ein. Wer sein Leben ganz auf ihn stellt, der erlebt auch immer wieder Wunderbares als Wegzehrung für einen oft steinigen Weg. Ich kann das auch für mich klar und fest bezeugen.

Bei französischen Denkern wie Jean-Paul Sartre und Albert Camus gab es noch ein existentielles Ringen um Gott und das Kämpfen gegen Bilder von ihm. Das hat die europäische Geisteswelt nach dem Krieg tief bewegt. Heute herrscht eher Gleichgültigkeit oder ein aus der angelsächsischen Welt kommender Atheismus, der sich hauptsächlich aus einem Ressentiment gegen die Religion – namentlich das Christentum – speist.

Es ist eine ständige Herausforderung für die Christen, Zeugnis für Gott nicht nur als eine Idee, sondern als lebensprägende Wirklichkeit abzulegen, gleichviel ob dieses Zeugnis einem engagierten Atheismus oder einer religiösen Gleichgültigkeit gegenübersteht. Ein radikales Zeugnis hat, von der Öffentlichkeit zunächst ganz unbeachtet, die Karmelitin Thérèse Martin, mit dem Ordensnamen Theresia vom Kinde Jesu genannt, gegeben. Sie hat sich dem Atheismus ihrer Zeit stellvertretend betend und auch sühnend gestellt und ihn erlitten. Im Jahr 1897 ist sie nach einem Todeskampf von zwei Tagen in ihrem 25. Lebensjahr an Tuberkulose gestorben. Vom Ostersonntag des vorausgegangenen Jahres und bis zu ihrem Lebensende war ihr eine geistliche Wüstenerfahrung auferlegt, eine Verdunklung der Beziehung zu Gott, eine Nacht des Nichts, als ob Gott nicht existierte.

Ist das nicht ein fast zu kühner Gedanke, dass es sich eine junge Frau zutraut, es durch ihr Gebet in der Einsamkeit gewissermaßen mit dem Geist ihrer Zeit aufzunehmen?

Es war eine Kühnheit aus der Kraft der Liebe und ist zu einer Zeit geschehen, als sich der Atheismus in Europa in großem Maß ausgebreitet hat. Thérèse hatte die Intuition, von Jesus selbst an den „Tisch der Ungläubigen" geführt worden zu sein, um dort in Solidarität mit solchen Menschen ihrer Zeit zu verharren. Für diese Nichtglaubenden wollte sie stellvertretend beten und leiden in schließlich immer trostloserer Einsamkeit, so wie der verlassene Jesus in der Nacht vor seinem Tod am Ölberg und am folgenden Tag am Kreuz gelitten hatte. Fern jeder Öffentlichkeit nahm die kleine Karmelitin auf diese Weise am großen Kampf der Geister teil, der damals in der Öffentlichkeit der Universitäten, der Zeitungen und der politischen Gruppierungen ausgetragen wurde. In der Einsamkeit ihrer Zelle wirkte sie so missionarisch in alle Welt hinein. Dies wurde erst nach ihrem Tod öffentlich bekannt. Im Jahr 1927 erklärte sie Papst Pius XI. am römischen Petersplatz in Gegenwart einer riesigen Zahl von Pilgern zur Heiligen und zwei Jahre später zur Patronin der Weltmission. Die heilige Thérèse ist gewissermaßen die Patronin des heutigen Ringens um Gott.

Wie weiß der Beter, dass sein Gebet bei jemandem ankommt und er nicht mit sich selber redet? Mutter Teresa, die eine geradezu leidenschaftliche Beterin war, hat in ihren letzten Lebensjahren auch eine erschütternde Gottesferne erlebt, von der wir erst nach ihrem Tod erfahren haben.

Exemplarisch betende Christen sind immer wieder auch durch Nacht und Wüste, durch Feuer und Wasser geführt worden. Und dann ist ihnen Gott wieder wie ein Licht erfahrbar geworden, aufgegangen wie der Morgenstern. Dieser Rhythmus ist nicht verfügbar.

Gerade heute gibt es aber einen aus dem angelsächsischen Raum kommenden aggressiven Atheismus, der versucht, den Glauben als Unsinn und als Projektion von Ängsten zu entlarven.

Eine der Ursachen dafür liegt wohl darin, dass einige Gegner, an denen man sich früher abarbeiten konnte, abhandengekommen sind, so der Marxismus und Kommunismus. Agnostische Humanisten befassen sich daher mehr als früher mit Religionskritik, was ja im Blick auf Geschichte und Gegenwart der Religionen keineswegs generell unbegründet ist. Manche Naturwissenschaftler überheben sich dabei aber und provozieren Gegenkritik nicht nur seitens der generell attackierten Christen, sondern auch von nichtreligiöser Seite. Ein Beispiel für eine solche neue Ideologie bietet Richard Dawkins mit seinem Buch „Der Gotteswahn".

Joseph Ratzinger hat im Vorwort der Neuauflage von „Einführung in das Christentum" im Jahr 2000 davon gesprochen, dass sich die geistige Situation seit dem erstmaligen Erscheinen des Buches 1968 noch einmal radikal geändert hat. Der Gott der Christen wurde zunehmend als personale Wirklichkeit entleert, und zwar auch auf Lehrstühlen katholischer Fakultäten.

Es gibt heute bezogen auf die Gottesfrage in Europa viel Gleichgültigkeit, freilich unter anderen Umständen als 1968. Joseph Ratzinger hat schon 1968 gesagt: Gott verschwindet als Person, zu der man beten kann, aus dem Herzen und aus den menschlichen Beziehungen. Der bekannte Hamburger Journalist Jan Roß, ein Protestant, hat dagegen in seinem sehr beachtenswerten Buch „Die Verteidigung des Menschen. Warum Gott gebraucht wird" gesagt: „Gott ist die Garantie der Humanität. Die gottlose Gesellschaft ist bedroht von Unmenschlichkeit."

In der Literatur und der Philosophie gibt es ein neues Interesse an der Gottesfrage. Die Philosophin Hanna-Barbara Gerl-Falkovitz geht sogar so weit zu sagen, dass das, was Philosophen denken, bald auch ins allgemeine Bewusstsein dringen wird.

Das glaube ich gerne. Es gibt ja die auf Beispiele gestützte Behauptung von Historikern, dass Haltungen von Eliten sozusagen als sinkendes Kulturgut in die Breite der Gesellschaft eindringen. Generell wird das wohl nicht stimmen. Viel Gutes und manches Böse, das wie durch einen Trichter einsickern sollte, ist auch stecken geblieben. Aber es ist für Christen zum Beispiel im deutschen Sprachraum ermutigend, dass sich denkerische Eliten weithin wieder mit der Gottesfrage befassen. Ein Beispiel dafür gibt der Schriftsteller Martin Walser, der gesagt hat, er könne an den Gott der Bibel nicht glauben. Aber dann hat er bedauernd die Worte hinzugefügt: „Er fehlt. Mir."

Elite ist ein umstrittener Begriff, er kommt in die Nähe von elitär, was dem allgemeinen Gleichheitsanspruch widerspricht.

Ja, man soll mit diesem Wort tatsächlich vorsichtig umgehen. Das Christentum hat in seiner bisherigen Geschichte nicht vor allem von Denkeliten gelebt, sondern von Herzenseliten, wobei Denken und Herz keine Gegensätze sein sollten. Vom ebenso frommen wie genialen Philosophen Blaise Pascal stammt das Wort: „Das Herz hat seine Gründe, von denen der Verstand nichts weiß."

Als Studentenpfarrer mussten Sie immer wieder auch versuchen, auf die Gottesfrage rational zu antworten. Geht es aber nicht um eine Entscheidung jenseits rationaler Argumente?

Es geht zuerst und zuletzt nicht um das Hirn, sondern um das Herz. Ich habe aber unzählige Male auch versucht, Studierenden plausibel zu machen, dass es gute Gründe für den Glauben gibt und dass auch – wie man sagt – große Geister gerade im 20. Jahrhundert nicht nur gläubig geblieben, sondern aufgrund vielen Nachdenkens und bewegt durch das Zeugnis glaubhafter Christen zum Christentum und zur katholischen Kirche konvertiert sind. Dabei muss freilich klar sein, dass Vernunft den Glauben zwar fördern, aber nicht ersetzen kann. Das vom christlichen Apologeten Tertullian im 3. Jahrhundert drastisch formulierte Wort „Credo quia absurdum" – „Ich glaube, weil es absurd ist" – wurde von der Kirche nicht akzeptiert.

In seiner berühmten Vorlesung in Regensburg, in der Papst Benedikt XVI. für eine Stunde lang wieder Professor Ratzinger war, hat er sogar argumentiert, dass Gott nicht unvernünftig sein kann. Wenn er recht hat, dann muss es eine denkerische Annäherung an Gott geben, die überzeugend ist.

In seiner unvollendeten Apologie der christlichen Religion, die erst acht Jahre nach seinem Tod unter dem Titel „Pensées" veröffentlicht wurde, beschreibt Blaise Pascal die fiktive Begegnung eines intellektuellen Katholiken mit einem intellektuellen, aber trotz vieler Diskurse nicht zum Glauben gekommenen Gesprächspartner. Pascal schlägt ihm vor, er solle sich in den Status von Menschen versetzen, die vor ihm geglaubt haben, und nennt auf provokante Weise Beispiele, die den allfälligen Stolz seines Gesprächspartners beugen sollen. Er sagt: „Folgen Sie der Weise, in der jene begonnen haben, indem sie in allem so handelten, als ob sie glaubten, indem sie das Weihwasser nahmen, indem sie Messen lesen ließen. ... Gerade das wird Sie auf eine natürliche Weise zum Glauben bringen und Sie einfältig machen." Es geht hier also um eine Art von Wette, in welche der Mensch sich selbst als Einsatz mitbringt. Das ist keine Frivolität oder Ironie, im Gegenteil: Pascals Leben war ja von einem tiefen Ernst bestimmt. Er betont, dass man bei dieser Wette nichts verlieren, aber alles gewinnen könne. Papst Benedikt XVI. hat dem säkularisierten Europäer als Typus vorgeschlagen, sich auf eine solche Existenz *etsi Deus daretur* – „als ob es Gott gäbe" – einzulassen. Das ist eine Zumutung im positiven Sinn dieses Wortes. Der Philosoph Max Horkheimer hat die Sehnsucht, dass es Gott gibt, mit dem Wunsch umschrieben, das unschuldige Opfer möge in der Geschichte das letzte Wort haben und nicht der Henker. Viele Menschen finden sich heutzutage aber durchaus ab mit der Nicht-Sehnsucht.

Große Theologen haben in fast zweitausend Jahren immer wieder betont, dass Gott ein unauslotbares Geheimnis ist. Mit welchen Worten kann man da überhaupt über ihn reden?

Augustinus hat gesagt: „Si comprehendis, non est Deus", frei übersetzt also: „Wenn Du glaubst, es voll zu verstehen, dann ist es nicht Gott." Wir glauben, dass beim Reden über Gott das, was wir über ihn nicht sagen können, immer größer ist, als das, was wir sagen können. Thomas von Aquin hat dazu gesagt, dass Gott besonders auch durch das Schweigen geehrt wird, obwohl es so ungemein viel über ihn zu sagen gibt, eben weil alles Gesagte sein Wesen nicht ausschöpft. In der Fachtheologie ist dies ein Beispiel für die sogenannte negative Theologie.

Die drei aus einer gemeinsamen Wurzel erwachsenen monotheistischen Religionen Judentum, Christentum und Islam berufen sich auf einen Gott, der in christlicher Sicht ein und derselbe ist. Diese Religionen werden im modernen Bewusstsein häufig zusammen gesehen und beschuldigt, in der Unbedingtheit ihres Anspruchs die Ursache für Unfrieden und Gewalt auf der Welt zu sein. Wie können Sie die Sonderstellung des Christentums begründen?

Der Islam steht in einem fundamentalen Gegensatz zum Christentum durch die Proklamation: „Allah ist einer. Und er hat keinen Sohn." Der Theologe Hans-Urs von Balthasar hat darauf hingewiesen, dass der Islam die Souveränität Gottes fast fraglos anerkennt und sich ihr unterwirft. Das kommt auch in der Körperhaltung beim gemeinsamen Gebet in den Moscheen zum Ausdruck. Im Judentum gibt es daneben aber die Tradition des Haderns mit Gott. Nach dem Holocaust wollten manche Rabbiner Gott sogar vor ein Tribunal zitieren, wo er sich dafür rechtfertigen sollte. Die Christenheit steht, so Balthasar, in der Mitte zwischen diesen Extremen der fraglosen Unterwerfung und des Haderns mit Gott.

Im biblischen Judentum gibt es – wie Sie gesagt haben – viel Widerstand gegen Gott. Es gibt aber auch viel Ergebung in seinen Willen.

Im Alten Testament gibt es Klagen und sogar Anklage gegen Gott. Der Mensch vertraut Gott, hadert und ringt aber dennoch mit ihm. Der Dichter Rainer Maria Rilke hat drei Weisen des Umgangs mit Gott mit folgenden Worten beschrieben: „Ich kreise um Gott, den uralten Turm. Und ich kreise Jahrtausende lang. Und ich weiß noch nicht, bin ich ein Falke, ein Sturm oder ein großer Gesang." Der Falke hält Ausschau nach Ritzen im Gemäuer des Turms, der Sturm rüttelt an ihm und der große Gesang ist lobende Zustimmung zu seinem Geheimnis. Der Gott der Bibel ist ein naher und immer wieder auch ein ferner, rätselhafter Gott. In seiner tiefsten Tiefe erscheint er aber als Liebe, als ein Licht, das erleuchtet, erwärmt, aber auch Schmerzen bereitet wie ein Feuer, wenn es Gold von Schlacke trennen soll.

■ *Das Größte, was der christliche Glaube Gott zuschreibt, ist die Liebe. Paulus sagt im Ersten Korintherbrief komplementär dazu, dass Liebe auch das Größte ist, was ein Mensch und zumal ein Christ zuwege bringen kann. Gibt es Vergleichbares in anderen Religionen?*

Es gibt dies mindestens bei den Mystikern dieser Religionen. Im Ersten Johannesbrief des Neuen Testaments steht der elementare Satz: „Gott ist die Liebe." Das ist nach meiner Überzeugung der Schlüsselsatz zu jeder anderen Rede über Gott in der gesamten Bibel. Gott ist einerseits der gewaltige Schöpfer des Universums, „tiefer als das Tiefste und höher als das Höchste", wie Augustinus gesagt hat. Wenn über ihn aber nicht mehr zu sagen wäre, dann kämen wir in die Nähe des Gottesbildes Spinozas oder auch Goethes, der gesagt hat: „Gott ist grenzenlos absichtslos." Dann kann das Wort „Gott" schließlich auch zu einem bloß anderen Namen für Natur und Evolution werden. Der Gott der Bibel ist aber, bezogen auf unser Heil, zugleich grenzenlos absichtsvoll. Die Bibel schreibt ihm daher wortmächtig menschliche Emotionen zu – auch Trauer und Zorn. In seiner tiefsten Tiefe ist er aber Liebe, und das ist in Jesus Christus radikal und unüberbietbar offenbar geworden. Kirchenväter haben lapidar gesagt, dass der Knecht des Hohepriesters, der Jesus beim Verhör vor seinem Tod ins Gesicht geschlagen hat, Gott selbst geschlagen hat.

An dieser Stelle scheiden sich auch die Geister. Dass Jesus von Nazaret ein exemplarischer, vorbildlicher Mensch war, aber eben auch nur einer von vielen Religionsgründern, wird wohl jeder gebildete Nichtchrist gern zugeben. Aber dass er Gott sein soll? Und dass Gott in ihm gelitten hat?

Das Leiden unschuldiger Menschen ist – wie Georg Büchner gesagt hat – der Fels des Atheismus, und dessen Kritik gegen das biblische Gottesbild hat sich vor allem daran festgemacht, dass Gott nicht leiden kann. Die Frage, ob Jesus Christus „wahrer Gott" ist, hat die Christenheit schon in den ersten Jahrhunderten umgetrieben und auch gespalten. Die Arianer haben gesagt, dass Jesus Christus dem Vatergott nicht wesensgleich, sondern nur wesensähnlich sei. Damit ist aber das Kühnste, das im Panorama der Weltreligionen über einen Gott gesagt worden ist, wieder zurückgenommen. Im Drama „Die Fliegen" lässt Sartre durch Elektra eine Jupiterstatue verhöhnen mit den Worten: „Du bist ja aus Holz. Du kannst nicht bluten." Der Gott und Vater Jesu Christi ist aber nicht grenzenlos absichtslos. Er hat im Sohn geblutet und ist im Sohn gekreuzigt worden. Das ist unüberbietbare Empathie. Karl Rahner hat einmal gefragt: „Wie kann man einen Gott anklagen, dessen Sohn am Kreuz hängt?"

■ *Damit verstummt die Religionskritik aber nicht und sie wird auch nicht verstummen.*

Gegen alle solche Kritik steht aber die Gestalt Jesu Christi, der sich in der Erzählung über den Großinquisitor in Dostojewskis Roman „Die Brüder Karamasow" gegen die Anklagen des greisen Großinquisitors nicht verteidigt, sondern ihn am Ende ohne Worte küsst. Gott erscheint hier in der Gestalt wehrloser Liebe, die auch den Großinquisitor entwaffnet.

■ *Die vom Christentum inspirierte Kunst hat bekanntlich unzählige Christusbilder geschaffen. Gibt es darunter welche, die das Geheimnis Christi für Sie auf besonders überzeugende Weise darstellen?*

Christus gehört allen Menschen in der Kirche und außerhalb. Aber dieser allgemeine Christus muss darüber hinaus für entschlossene Christen zu ihrem Christus werden. Aus Jesus an sich wird dann „Mein Jesus", wie in der großen Passionsmusik von Johann Sebastian Bach gesungen wird. „Mein Jesus" begegnet mir besonders bewegend immer wieder in der großen romanischen Christusskulptur über dem Hauptaltar unserer ehemaligen Domkirche und heutigen Abteikirche in Seckau. Nicht historisch beglaubigt, aber kongenial erfunden ist eine Szene im bekannten, freilich ziemlich weich zeichnenden Franziskusfilm von Franco Zeffirelli. Es wird da gezeigt, dass der junge, in seinem Gleichgewicht erschütterte Kaufmannssohn bei einem Sonntagsgottesdienst im Dom von Assisi erlebt, wie der Bischof reichlich Weihrauch in das dazu bestimmte Gefäß einlegt. Die aufsteigende Wolke von Weihrauch umhüllt ein riesiges Kruzifix, das über dem Altar hängt. Der an dieses Kreuz geheftete, scheinbar tote Christus öffnet für einen Augenblick die Augen und blickt nur den Franziskus an, die anderen in der Kirche Versammelten merken nichts davon. Der Blick des scheinbar toten, aber in Wahrheit lebendigen Gekreuzigten verwandelt den jungen Franziskus.

Wenn katholische Theologen über Christus sprechen, kommt irgendwann auch die Rede auf Maria. Die Marienverehrung gilt als besonderes Kennzeichen katholischer Frömmigkeit. Ist das nur etwas für schlichte Gemüter?

Auch die Päpste Johannes Paul II., Benedikt XVI. und Franziskus waren respektive sind große Marienverehrer. Maria ist nicht nur für Katholiken, sondern für alle orthodoxen und für die sogenannten altorientalischen Kirchen von großer Bedeutung. Im Glaubensbekenntnis der Kirche steht inmitten der Aussagen über Christus das Bekenntnis zum Glauben an seine Geburt aus der Jungfrau Maria. Kurz gesagt: Das Bekenntnis der Kirche zu Christus und der Hinweis auf seine Mutter gehören untrennbar zusammen. Dementsprechend hat das II. Vatikanische Konzil der Konstitution „Lumen Gentium" über Christus und seine Kirche auch sein Wort über Maria eingefügt.

Ist die Marienverehrung immer noch etwas Trennendes zwischen Katholiken und den Kirchen der Reformation?

An der Fassade einer evangelischen Kirche prangt seit Jahrzehnten der Spruch „Christus allein". Das sollte in der Zeit der Erbauung dieses Gotteshauses auch eine Kritik an der Marienfrömmigkeit der katholischen Kirche sein. Seit dem Konzil gibt es aber bei den reformatorischen Kirchen vielerorts wieder eine stärkere Hinwendung zu Maria. Martin Luther hat noch einen schönen Kommentar zum Magnificat verfasst. Es ist das Lied, das Maria im Hause ihrer Verwandten Elisabet gesungen hat und das täglich im abendlichen Stundengebet der Kirche wiederholt wird.

Auch bei vielen Katholiken ist die Beziehung zu Maria eher schwach.

Ich glaube, das hängt auch mit ihrem Bild von Christus zusammen. Der belgische Kardinal Léon Suenens hat vor Jahrzehnten auf dieses Faktum Bezug genommen und gesagt: „Für viele Christen ist Christus eher eine Abstraktion, weil es ihnen vor allem um Gott im Ganzen geht. Und Abstraktionen brauchen eben keine Mutter."

Jedenfalls kommen alljährlich viele Millionen Menschen in die großen marianischen Wallfahrtsorte: Lourdes, Fatima, Tschenstochau, Guadalupe und nicht zuletzt auch unser Mariazell.

Christus wollte ja nach dem Zeugnis des Neuen Testamentes nicht allein sein, sondern er hat sich schon vor Ostern gemeinsam mit seinen Jüngern und mit den ihn begleitenden Frauen Gott, dem Vater, zugewendet. So war es auch nach Ostern in der Jerusalemer Urgemeinde, wo Maria nach dem Zeugnis der Apostelgeschichte inmitten der Apostel die Ausgießung des Heiligen Geistes erwartet und erlebt hat. Maria hat zutiefst Heimat bei Gott, und ihr Wesen ist es, auch anderen Menschen zu helfen, sich in dieser Heimat tiefer einzuwurzeln. Das wird, nicht immer sehr reflektiert, aber jedenfalls intuitiv, von den vielen Menschen verstanden und angenommen, die in die großen marianischen Wallfahrtsorte pilgern.

Das Dogma von der Dreifaltigkeit Gottes unterscheidet uns Christen fundamental vom Gottesglauben der Juden und der Muslime. Selbst viele Christen wissen aber wenig mit der dritten Person in Gott, dem Heiligen Geist, anzufangen.

Vom Geist reden viele: Philosophen reden vom Weltgeist; Gesellschaftsdiagnostiker reden vom Zeitgeist; vom Heiligen Geist, der in kein Wort und Bild ganz eingeht, reden die Christen. Sie tun es aber eher selten. Im Zusammenhang mit dem Firmsakrament gibt es die große Ausnahme. Ich habe seit meiner Bischofsweihe fast 80.000 meist junge Menschen gefirmt und ihnen gewünscht, dass sie nur selten sagen müssen: „Ich habe keinen Geist." Und ich habe ihnen jedes Mal gewünscht, dass sie sich auf das Abenteuer eines Lebens mit Gott als Vater, als Gottessohn Jesus Christus und als Heiliger Geist einlassen können. Das ergibt kein bequemes, aber ein erfülltes Leben. Menschen, die so mit Geist erfüllt sind, werden inmitten der Menschheit gebraucht wie Brot.

„Und dann der Tod ... – Sterbebilder" heißt eines Ihrer Bücher, das auch Menschen bewegt hat, die nichts mit dem Glauben und der Kirche zu tun haben. Der Titel möchte ein Tabu aufbrechen, das die sogenannten „letzten Dinge" – Tod, Gericht, Fegefeuer, Himmel und Hölle – umgibt.

Es handelt sich dabei um 79 Kurzbiographien unterschiedlichster Menschen angesichts der Frage: Wie sind sie gestorben und wie haben sie gelebt? Eine betagte Frau aus der Obersteiermark hat mir in einem Brief Folgendes erzählt: Sie sei an Krebs erkrankt und eine ihrer Töchter habe das Buch gelesen und gedacht, das müsse auch die Mutter lesen. Der Titel würde aber die Mutter vielleicht erschrecken. Dann habe sie das Buch doch gekauft und der Mutter geschenkt. Nachdem diese an jedem Abend ein Kapitel gelesen hatte, kam dieser Dankbrief mit einer Anmerkung: „Ich bin nun viel gelassener und kann erstmals mit meinen erwachsenen Kindern über das Sterben sprechen." Für mich war das in all den Jahren das bewegendste Echo auf einen meiner Texte.

▧ Das Christentum weist wie jede Religion über den Tod hinaus. Es redet aber als einzige von der Auferstehung. Zu Ostern wird das gefeiert. Was kann man darüber sagen, das nicht als billiger Trost erscheint, den die Religionskritik entlarvt zu haben meint?

In einem Oster-Interview mit der Grazer „Kleinen Zeitung" habe ich auf diese Frage mit dem Hinweis auf den Isenheimer Altar von Matthias Grünewald in Colmar geantwortet: Dieser zeigt zwei einander ergänzende Christusbilder. Das erste zeigt den gekreuzigten Christus am Karfreitag, ein grässliches Leidensbild, das den Kranken im Pestspital von Isenheim ihr eigenes Bild wie in einem Spiegel vorhalten und Trost geben sollte, weil ja Christus auch Gott ist und Gott in ihm gelitten hat. Die andere Bildtafel zeigt Christus als Auferstandenen. Er leuchtet in kosmischen Dimensionen und ist umgeben von einem Himmel mit Gestirnen und einem Regenbogen. Seine Wunden sind nicht verschwunden, aber sie leuchten. Das vorausgehende Leiden wird nicht weggewischt oder vergessen, es wird als überwunden und verklärt dargestellt.

▧ Den Trost, von dem Sie sprechen, gibt es im Glauben der Christen erst im Jenseits?

Ostern fängt nicht im Jenseits an, im Himmel. Den Himmel gibt es auch schon in der Gegenwart, aber hier nie vollendbar.

Mystiker werden oft in den Himmel entrückt. Man wird aber auch als Christ immer wieder aus dem Paradies des glückhaften Augenblicks vertrieben. Der Wunsch, zum Augenblick sagen zu können, „verweile doch, du bist so schön", den Goethes Faust stolz ablehnt, kehrt wieder, aber er wird nicht erfüllt. Immer neue Karfreitage brechen herein. Der Himmel ist schon da, aber sein Paradies geht immer wieder verloren.

Was soll eigentlich leibliche Auferstehung heißen? Kaum ein Glaubenssatz steht so quer zu unseren Erfahrungen, ist so schwer zu fassen.

Das heißt, dem Menschen als Ganzem – nicht nur seinem Geist, sondern auch seinem Leib, seinem ganzen Welt- und Sozialbezug und der ganzen dann transformierten und verklärten Materie – ist eine endgültige Zukunft bei Gott verheißen, die im menschgewordenen Gottessohn Jesus Christus schon begonnen hat.

Ist Leben nach dem Tod für Sie eine offene Frage? Machen Sie sich Vorstellungen vom ewigen Leben?

Für mich ist es keine offene Frage. Aber ich kenne die Einwände. Ich weiß um die Begrenztheit von Bildern und Worten, zugleich aber auch um ihre Unentbehrlichkeit. Es ist schwer zu glauben, es ist aber auch schwer, nicht zu glauben, wenn man der gnadenlosen Folgen daraus ansichtig geworden ist.

Prinzipien eines christlichen Lebens

■ *In Ihren Schriften erscheinen immer wieder Begriffe wie Entschei-*
dung und Entschiedenheit und Einübung ins Christentum.

Eine radikale Entscheidung für den christlichen Glauben und
für eine kirchliche Existenz gibt es oft erst nach einem langen
Weg der Einführung und Einübung. Reden wir hier daher zuerst über Einführung und Einübung. Joseph Ratzinger hat als
junger Theologe das Buch „Einführung in das Christentum"
veröffentlicht. Es beruhte auf Vorlesungen in Tübingen, die er
1967 vor einem großen jungen Auditorium gehalten hat. Dieses
Buch wurde dann in zahlreichen Auflagen und Übersetzungen
verbreitet und wird auch heute von vielen gelesen.

■ *Ein Buch als Einführung ins Christentum mag Information und*
Belehrung geben, ersetzt aber wohl nicht die Einübung.

Auch dafür steht ein Buch, nämlich „Einübung im Christentum", ein Spätwerk von Søren Kierkegaard aus dem Jahr 1850.
Einführung und Einübung in eine katholisch-kirchliche Existenz
sind heute in einem Land wie dem unseren generell schwach
entwickelt, sowohl was das Wissen als auch die Lebenspraxis
im Ganzen angeht. Kurz nach den Tübinger Vorlesungen Joseph Ratzingers ist in Europa und Nordamerika die sogenannte
68er-Bewegung in Gang gekommen. Sie hat auch einen Kult

der Spontaneität mit sich gebracht. Übung, Einübung wurde generell als Dressur abqualifiziert, ausgenommen die immer notwendige Übung in Sport und Musik. Ein zusammenhängendes Wissen über den christlichen Glauben, zumal in katholischer Gestalt, wurde seither weitaus weniger vermittelt, als es möglich und notwendig gewesen wäre. Dazu müssten wir uns viel Neues einfallen lassen.

Das ist eine Kritik am Religionsunterricht, den die Kirche selbst verantwortet und um dessen Erhaltung sie politisch ringen muss. Haben die Bischöfe so wenig Einfluss auf den Religionsunterricht?

Im Religionsunterricht wurden schon vor Jahrzehnten erfreulicherweise manche verkrustete Strukturen und Methoden so geändert, dass er im Panorama unserer Schulen meist durchaus als Lebenshilfe anerkannt ist. Man hätte aber zugleich mit dem nun eher erlebnisbetonten Unterricht einen kontinuierlichen Faden von zentralem Glaubenswissen in das Gewebe dieses Unterrichts von der Volksschule bis zu einer Reifeprüfung an höheren Schulen einflechten können und müssen und sollte es jedenfalls in Zukunft tun. Dann würden auch Schüler ohne religiöses Elternhaus und ohne tiefe Wurzeln im Glauben in jeder Schulstufe das Vaterunser auswendig sprechen können und hätten ein verlässliches Minimalwissen über die Zehn Gebote, über die Liturgie der Messe und über die sieben Sakramente. Es ginge dabei mindestens um ein Kulturwissen, dessen Verschwinden die Gesamtidentität Europas sehr schwächen würde.

Das ist kein sehr schmeichelhaftes Zeugnis für die Wirkung des Religionsunterrichtes. Wir haben in der Schule noch einen Katechismus gehabt. So etwas gibt es heute nicht mehr.

Im Ganzen nehme ich als Bischof den Religionsunterricht gegen eine pauschale Kritik von innerhalb der Kirche klar und ausdrücklich in Schutz. Er verdient im Gegenteil viel Lob und Dankbarkeit. Manche Experten der Pädagogik und Katechetik haben aber fast jeden Versuch, einen Katechismus zu erstellen, herb kritisiert, wenn ein solches Buch systematisch über den Inhalt des katholischen Glaubens Auskunft geben sollte. Kaum kritisiert wurde dagegen der Holländische Katechismus, der – ausgenommen einige lehramtlich beeinspruchte Aussagen – auch mir sehr sympathisch ist, der aber klare Begriffe zugunsten einer schönen, narrativen Sprache vermeidet. Der katholische Weltkatechismus wurde und wird dagegen oft als entbehrlich angesehen. Seine Kritiker müssten aber eindringlicher gefragt werden können, wie heute eine nachhaltigere Vermittlung von zentralem Glaubenswissen im Religionsunterricht geschehen kann und was sie selbst dafür tun.

Der Religionsunterricht wird versteckt und offen infrage gestellt, obwohl er staatskirchenrechtlich durch das Konkordat abgesichert ist. Manche möchten ihn überhaupt aus der Schule verdrängen oder durch ein Fach „Ethik" ersetzen. Andere, darunter auch katholische Theologen, schlagen ein allgemeines Fach „Ethik und Religion" ohne konfessionellen Charakter vor. Wie lässt sich der konfessionelle Religionsunterricht begründen?

Für uns als katholische Kirche hat der konfessionelle Religionsunterricht Vorrang vor einem staatlich angebotenen, weltanschaulich neutralen Ethikunterricht. Der Religionsunterricht soll Wegbereitung für eine vertiefte Erkenntnis davon sein, dass der Mensch „nicht nur vom Brot" lebt, und er soll helfen, das Beste in den jungen Menschen zu entfalten. Sachliche Kompetenz und persönliche Glaubwürdigkeit der im Religionsunterricht Tätigen sind daher entscheidend. Durch die Auseinandersetzung mit dem christlichen Glauben, durch eine darauf bezogene Wissens- und Wertevermittlung und eine dadurch inspirierte Lebensgestaltung leistet der Religionsunterricht einen wichtigen Beitrag für die individuelle Persönlichkeitsbildung. Kinder und Jugendliche wollen ja wissen, ob etwas „dran" ist an dem, was ihnen hier begegnet, und ob auch Erwachsene dies für sich ernst nehmen.

Viele werfen einem solchen Religionsunterricht vor, exklusiv zu sein und die Realität anderer Religionen auszuklammern.

Es hilft auch einer pluralen Gesellschaft wie der unseren zu ihrer Stabilität, wenn zumindest die in ihr präsenten großen Religionsgemeinschaften je viele Menschen ausprägen können, die ohne Fanatismus und andere Formen der Intoleranz ihre auf religiösem Wissen und religiöser Überzeugung beruhenden Werte in den öffentlichen Diskurs einbringen. Zum Erwerb solchen Wissens und solcher Überzeugung ist ein Religionsunterricht mit – so wie jetzt – besonders hoher Akzeptanz ein sehr wichtiges Instrument. Eine Gesellschaft, die auf diesen stabilisierenden Faktor verzichtet, wird tendenziell labiler. Verlässliche Information über die eigene Religion und die eigene Kultur, die im Religionsunterricht jungen Menschen unter Achtung ihrer Freiheit vermittelt wird, schafft auch die Voraussetzungen für eine kompetente Gesprächspartnerschaft im interreligiösen oder multikulturellen Gespräch und für positive Beiträge zum Zusammenleben der Menschen in einer freiheitlich-demokratischen Gesellschaft. In seiner Vielfalt hat der konfessionelle Religionsunterricht integrative Funktion und fördert ein möglichst konfliktfreies Miteinander in einer multikulturellen und multireligiösen Gesellschaft.

▄ *Einübung ins Christentum kann aber der Religionsunterricht nur zu einem kleinen Teil leisten.*

Früher haben Familien viel dafür getan, heute fallen sie aber diesbezüglich weitgehend aus. Ein Ort der Einübung wäre besonders die Liturgie. Wenn Kinder und Jugendliche regelmäßig an Liturgien teilnehmen, dann ist auch das ein wichtiger Beitrag zu einer solchen Einübung mit dem Ziel Nachhaltigkeit.

▄ *Auch der Erstkommunion- und Firmunterricht sind darauf angelegt, Glaubenswissen und eine Einübung in kirchliche Praxis zu vermitteln.*

Da wird viel getan, es greift jedoch oft nicht tief. Aber es gibt noch einen Ansatz dafür, den ich wichtig finde: Viele der fast 10.000 jungen Leute, die in unserer Diözese einen Ministrantendienst tun, werden bei jeder Ministrantenstunde auch mit einem der „heiligen Zeichen" der Liturgie befasst: Tür, Schwelle, Glocke, Licht und Wasser, Brot und Wein. Da gibt es dann jedes Mal zu je einem Teil Übung, erholsames Spiel und Wissenserwerb über die Liturgie im Lauf des Kirchenjahres. Auf diese Weise bilden wir auf lange Sicht einige 10.000 junge und später ältere Katholiken heran, die über Liturgie mehr wissen als ein üblicher Religionsunterricht vermitteln kann. Leider wird diese Idee immer noch nicht überall aufgegriffen, obwohl ihre Verwirklichung weder mehr Zeit noch mehr Kraft bräuchte, als man jetzt schon zu Recht für die Ministrantenpastoral aufwendet.

Einer Ihrer früheren Mitarbeiter hat eine Agentur für Pastoralinnovation gegründet. Das ist eine überraschende Idee. Anscheinend gibt es dafür aber Bedarf.

Die kirchlich Verantwortlichen haben eine Holschuld, sich danach zu erkundigen, was anderen und ihren Gemeinschaften an Gutem gelungen ist. Eine derartige Agentur mag dabei eine Hilfe sein. Manches könnte vielleicht in der Arbeit der Kirche in Serie nachgeahmt werden. Vor Jahrzehnten wurde ja auf diese Weise die große Sternsingeraktion erfunden, die bis heute so segensreich in Österreich und ganz Europa wirkt.

Ja oder nein, entweder – oder, das Prinzip Entscheidung überhaupt ist dem Österreicher nicht sehr sympathisch. Sein Lieblingswort sei „Jein", hat Ernst Jandl einmal ironisch gemeint.

Der schon erwähnte Søren Kierkegaard hat einige Jahre vor seiner „Einübung im Christentum" das Buch „Entweder – Oder" verfasst. Darüber hat ganz Dänemark gesprochen. Nicht alle Diskutanten werden es freilich gelesen haben. Die Königin von Dänemark hatte es zwar auch nicht gelesen, aber sie hat Kierkegaard eingeladen, um ihm ihren Respekt zu bekunden. Dabei soll sie gesagt haben: „Das hat er aber großartig gemacht mit seinem Entweder und Oder." Hans Urs von Balthasar hat das in einem seiner Aufsätze als „Bombenwitz" bezeichnet. Das Prinzip Entweder-oder muss immer auch das Leben der Kirche prägen. Paulus sagt, Gottes Sohn Jesus Christus ist nicht als Ja und Nein zugleich gekommen; in ihm ist das Ja verwirklicht. Er ist das Ja zu allem, was Gott verheißen hat.

Gibt es aber nicht auch ethisch unbedenkliche, ja sogar gebotene Kompromisse?

Ja. Wir dürfen das Neue Testament nicht von seinem semitischen Sprach- und Denkhintergrund ablösen. Im Evangelium sagt Jesus einerseits: „Wer nicht für mich ist, der ist gegen mich; wer nicht mit mir sammelt, der zerstreut." Und an anderer Stelle sagt er den Jüngern, die sich dagegen wehren, dass andere in seinem Namen Dämonen austreiben, ohne sich seiner Gemeinschaft anzuschließen: „Keiner, der in meinem Namen Wunder tut, kann so leicht schlecht von mir reden. Denn wer nicht gegen uns ist, der ist für uns." Sehr vereinfacht kann man daraus wohl auch ableiten, dass nicht jeder Kompromiss faul ist. Freilich braucht man zur Unterscheidung Hellsichtigkeit und ein hohes Verantwortungsbewusstsein.

Sie haben ein Lieblingswort, das Sie immer wieder verwenden und mit dem Sie – wie mir scheint – das Prinzip Entscheidung systematisch relativieren: „Katholisch sein heißt auch synthetisch sein."

Das Wort synthetisch kann wohl, freilich mit unscharfem Rand, vor einem kritischen Blick auf die Vergangenheit und Gegenwart der Kirche durchaus bestehen. Im 5. Kapitel des viel zitierten Briefes an Diognet vom Ende des 2. Jahrhunderts heißt es: „Die Christen nämlich sind weder durch Heimat noch durch Sprache noch durch Sitten von den übrigen Menschen unterschieden. Denn sie bewohnen weder irgendwo eigene Städte noch verwenden sie eine abweichende Sprache noch führen sie ein absonderliches Leben ... Und sie bewohnen griechische und nichtgriechische Städte, wie es ein jeder zugeteilt erhalten hat; dabei folgen sie den einheimischen Bräuchen in Kleidung, Nahrung und der übrigen Lebensweise, befolgen aber dabei die außerordentlichen paradoxen Gesetze ihres eigenen Staatswesens." Das ist ein starker Impuls zu einem Miteinander über die Grenzen der Kirche hinaus.

Die Haupttendenz dieses altchristlichen Dokuments, in dem einem gebildeten Heiden die Lebensweise der Christen erklärt werden sollte, geht aber doch eher in Richtung kritischer Distanz zur Gesellschaft.

Ja, vor allem in der Praxis von Ehe und Familie und im Umgang mit dem besonders schutzbedürftigen jungen Leben. Die Christen sind ja – so sagt der Diognetbrief weiter – immer nicht nur in der Welt, sondern auch gegen die Welt und in all dem auch über die Welt hinaus. Die protestantische Christenheit ist von ihrem historischen Ursprung her anscheinend stärker dem kritischen „gegen" verpflichtet. Bert Brecht hat dagegen in seinem Frühwerk „Baal" ironisch gesagt: „Nur der Wind, der Katholik, bemüht sich um Zusammenhänge." Ich halte das eigentlich für ein Kompliment.

In manchen ethischen Fragen gerät die Kirche zunehmend in Widerspruch zur modernen Gesellschaft. Ihre Positionen werden nicht verstanden und lösen bei einem Großteil der Zivilgesellschaft Widerstand aus. Dies gilt besonders für die Fragen des Lebensschutzes. Kann die Kirche hier „nachgeben"?

In der Predigt bei meiner Bischofsweihe im Dom von Klagenfurt habe ich auch über den Schutz des menschlichen Lebens und seine vielfältige Gefährdung gesprochen und gesagt: „Christen sind Freunde des menschlichen Lebens. Freunde des geborenen und auch des noch nicht geborenen, Freunde des entfalteten Lebens und des Lebens mit Behinderung und in all dem Freunde des zeitlichen und des ewigen Lebens." Das menschliche Leben ist heute vor allem an seinem natürlichen

Anfang und an seinem natürlichen Ende gefährdet. Was den Anfang betrifft, geht es um den manipulierenden Umgang mit Embryonen und um Abtreibung. Am Ende geht es um aktive Sterbehilfe, die mit dem verharmlosenden Namen Euthanasie – also Hilfe zu einem guten Tod – bezeichnet wird.

Erfordert das von den Katholiken nicht eine sehr entschiedene Lebensweise, für die sie in ihrer Umwelt möglicherweise wenig Verständnis finden und das ihnen auch gelegentlich offene Feindschaft einträgt?

In dem schon erwähnten Brief an Diognet wird über die Christen auch gesagt: „Sie heiraten wie alle und zeugen Kinder, jedoch setzen sie die Neugeborenen nicht aus." Ein Kind auszusetzen hat in der Antike bedeutet, es dem Tod auszuliefern. Über diese Kindesweglegung mit Todesfolge hinaus widersetzt sich die katholische Kirche entschieden auch der Abtreibung und gibt dem menschlichen Embryo von Anfang an Personenschutz. Das ist für die Kirche ein Dauerauftrag. Wir suchen dafür auch Allianzen mit Andersglaubenden und mit Menschen ohne religiöses Bekenntnis.

Hat die Kirche in dieser Frage wirklich Verbündete?

Neuerdings ist in Österreich von einander entgegengesetzten Seiten in Medien gefordert worden, man möge nach Jahren über das Tabuthema Abtreibung wieder öffentlich diskutieren. Anscheinend ist betreffend das Schweigen eine Schmerzgrenze erreicht. Ich halte einen öffentlichen Diskurs über so eine entscheidende Frage im Interesse der gesamten Gesellschaft und nicht etwa nur der Kirchen für wichtig. Dies besonders auch, weil eine jeweils junge Generation darüber kaum nachdenkt. Damit verbinde ich die Hoffnung, dass bei diesem Diskurs Häme und andere Formen der Aggression allseits vermieden werden.

Peter Franz Carlone

Stadtpfarrkirche St. Xaver, 1660–1665

Leoben, Steiermark

Ein Haus des Lebens am Anfang: Die ehemalige Jesuiten- und heutige Stadtpfarrkirche Leoben-St. Xaver ist ein Bauwerk, das in seinen Ausmaßen und in seiner Qualität die meisten anderen Bauten dieser Stadt übertrifft. Sie ist benannt nach einem der ersten und größten Heiligen des Jesuitenordens, dem Spanier Francisco de Jassu y Javier. Er war ein Missionar mit globalen Perspektiven und hat sich wie eine Kerze, die an beiden Enden brennt, verzehrt in der Liebe zu Gott und zu den Menschen. In dieser Kirche empfing Egon Kapellari am 18. Jänner 1936 die Taufe.

Bischof Josef Schoiswohl mit Bischof Johann Weber und Hochschulseelsorger Egon Kapellari, 1971

Wien

Der 55., 56. und 57. Diözesanbischof von Graz-Seckau: Altbischof Josef Schoiswohl (1954–1968), Bischof Johann Weber (1969–2001) und Hochschulseelsorger Egon Kapellari (seit 2001) befinden sich gemeinsam unter den Zuhörern bei einer Pastoraltagung im Dezember 1971 in Wien.

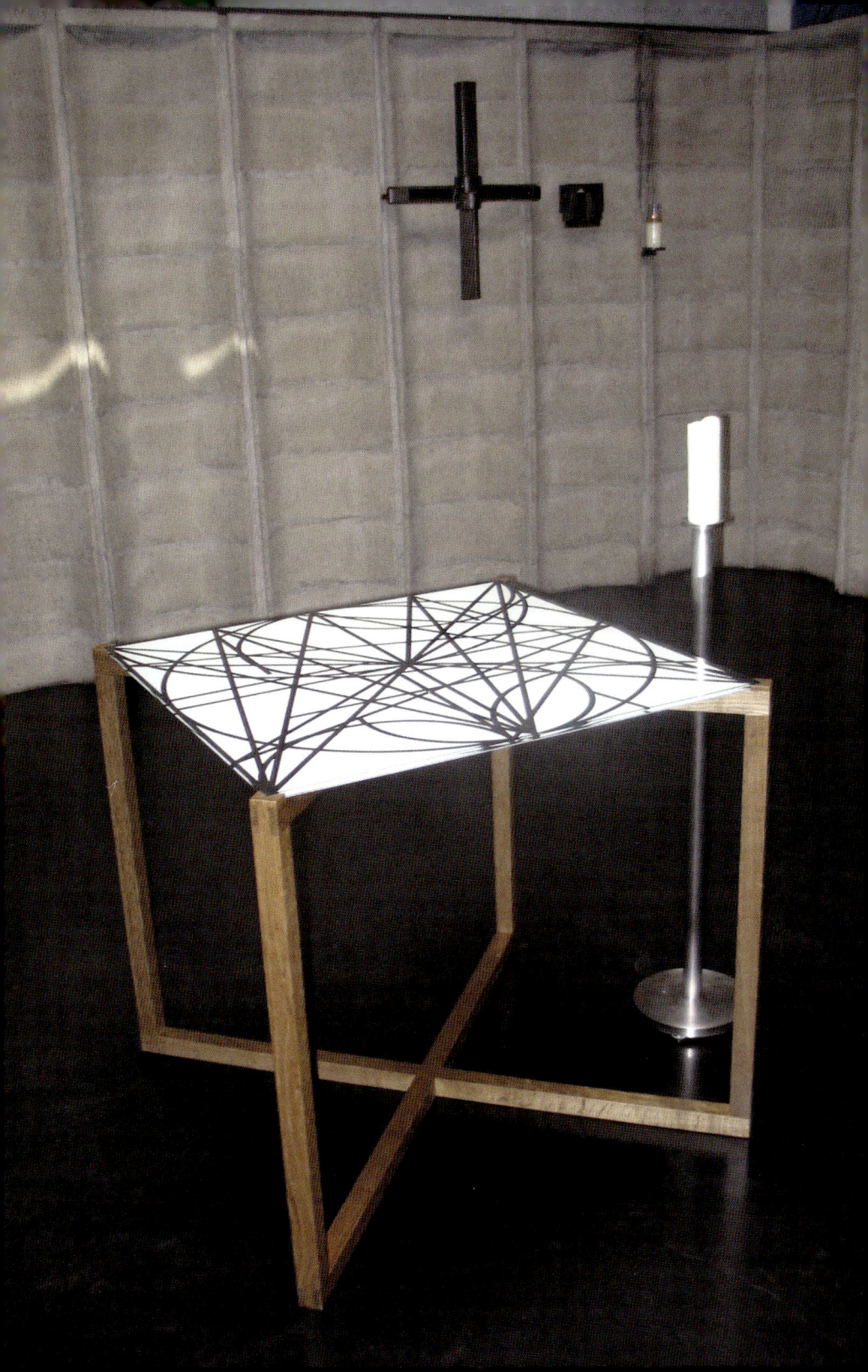

Richard Gratl und Peter Thurner

Kapelle der Katholischen Hochschulgemeinde, 1965

Graz

Als räumliche Mitte des Studentenhauses wurde von den Architektur-
studenten Richard Gratl und Peter Thurner im Jahr 1965 die Hauskapelle geplant und schließlich auch errichtet. Für diesen formal sehr
reduzierten, quadratischen Raum wurden bewusst gewöhnliche Indus-
triematerialien verwendet. Den Fußboden aus Gussasphalt begrenzen
Betontrogsteine, nach außen öffnet sich die Kapelle durch ein Lichtband
aus Industrieglas. Der puristische, aber eindeutig sakrale Raum wurde hier in die Mitte einer alltäglichen Lebenswelt gesetzt. Durch Kreuz
und Tabernakel, geschaffen vom Bildhauer Gerhardt Moswitzer, erhält
er eine klare Ausrichtung und Definition. Der heutige Altar wurde erst
2007 von Leo Zogmayer gestaltet. In die gläserne Altarplatte hat er
geometrisch aufgelöst alle Buchstaben des Alphabets gesetzt. Der Tisch
des Brotes ist in dem kleinen Kapellenraum zugleich auch Tisch des
Wortes.

**Bischof Johann Weber
mit Studentenseelsorger P. Christoph Schönborn OP
und Hochschulseelsorger Egon Kapellari, 1973**
Graz

Bischof Johann Weber feiert 1973 gemeinsam mit den damals in der
Grazer Hochschulgemeinde tätigen Seelsorgern Egon Kapellari und
P. Christoph Schönborn OP die Eucharistie im Foyer des Katholischen
Studentenhauses Leechgasse 24 in Graz. Egon Kapellari wurde 1981
zum Diözesanbischof von Gurk ernannt; Christoph Schönborn wurde
1991 Weihbischof von Wien, 1995 Erzbischof von Wien und 1998 Kardinal.

Bischofsweihe von Egon Kapellari am 24. Jänner 1982

Dom zu Klagenfurt

Während des Weihegebetes halten zwei Diakone das Evangelienbuch über das Haupt des neuen Bischofs: „Gieße jetzt aus über deinen Diener, den du erwählt hast, die Kraft, die von dir ausgeht, den Geist der Leitung. Ihn hast du deinem geliebten Sohn Jesus Christus gegeben, und er hat ihn den Aposteln verliehen. ... Du, Vater, kennst die Herzen und hast deinen Diener zum Bischofsamt berufen. Gib ihm die Gnade, dein heiliges Volk zu leiten und dir als Hohepriester bei Tag und Nacht ohne Tadel zu dienen." (Aus dem Weihegebet)

Dom- und Pfarrkirche Mariä Himmelfahrt, 12./13. Jahrhundert

Gurk, Kärnten

Die romanische ehemalige Dom- und Stiftskirche von Gurk wurde in der heutigen Form im 13. Jahrhundert erbaut. Sie birgt in der mit 100 Säulen ausgestatteten Krypta das Grab der heiligen Hemma. Von der Gründung des Bistums Gurk im Jahr 1072 an bis zur josephinischen Reform 1787 war der Gurker Dom die Bischofskirche und der Sitz des Domkapitels; seither ist das der Dom in Klagenfurt. Der Gurker Dom ist auch heute noch – als Gottes und vieler Menschen Haus – das Ziel zahlreicher Pilger aus Kärnten, der Steiermark und den Nachbarländern.

Papst Johannes Paul II. mit Bischof Egon Kapellari, 1988

Gurk, Kärnten

Papst Johannes Paul II. ist am 25. Juni 1988 mit dem damaligen Kärntner Diözesanbischof Egon Kapellari unterwegs zum Dom von Gurk. Er feiert im Rahmen seines zweiten Pastoralbesuchs in Österreich vor diesem Schatzhaus herausragender christlicher Kunst die Eucharistie mit rund 60.000 Pilgern aus Kärnten, der Steiermark, Slowenien und Friaul.

Begegnung mit Familien in Graz, 2001

Pfarrhof der Grazer Stadtpfarrkirche zum Hl. Blut

Nach einem Gottesdienst in der Grazer Innenstadtpfarre zum Hl. Blut im Herbst 2001 kommt es im Pfarrhof zu einer Begegnung des in diesem Jahr ernannten steirischen Bischofs Egon Kapellari mit Kindern und ihren Familien.

In der Ethikkommission des Bundeskanzleramtes sind die Mit-glieder, die die Position der Kirche vertreten, in der Minderheit und werden regelmäßig überstimmt. Der Kirche wird oft vorgeworfen, sie stehe dem menschlichen Fortschritt im Weg.

Einen wirklichen Fortschritt wird kein vernünftiger und verantwortungsbewusster Mensch infrage stellen. Wer weiß aber so genau, was ein wirklicher Fortschritt ist angesichts einer komplexen Situation? Man geht in unserer Gesellschaft mit dem Diagnosewort Fortschritt oft sehr gedankenarm um. Dagegen hat schon Johann Nestroy ironisch angemerkt: „Überhaupt hat der Fortschritt das an sich, dass er viel größer ausschaut, als er wirklich ist." Widerstand gegen eine weithin als fortschrittlich eingeschätzte Forderung und Entwicklung kann auch prophetisch sein. Das gilt auch für christlichen Widerstand, wenn er durch das läuternde Feuer tiefen Denkens und Gebetes hindurch gegangen ist.

In ihrer Verteidigung des ungeborenen Lebens steht die Kirche unterdessen sehr allein da. Nicht einmal mit den aus der Reformation hervorgegangenen Kirchen ist sie darin einig.

Bei Schutz und Förderung des menschlichen Lebens ist die katholische Kirche keineswegs eine simple Neinsagerin. Sie tut weltweit nicht nur sehr viel dafür, dass Menschen geboren werden können. Sie hilft auch unzähligen Geborenen zu einem materiell und spirituell besseren Leben. Man denke an den Einsatz für Straßenkinder, Aidswaisen und den Kampf gegen Hunger. All das ist gemessen am Weltbedarf immer nur ein Fragment, aber ein Fragment, das die strikte Haltung der Kirche zum Lebensschutz verstehbarer und glaubwürdiger macht. Die kirchliche Freundschaft zum geborenen Leben bezieht sich besonders auch auf den Kampf gegen Hunger und Seuchen und zumal auch gegen die Aidsseuche.

▓ Die katholische Kirche widersetzt sich einer generellen Abwägung zwischen dem Lebenswert eines Embryos und dem Leben der Mutter. Das ist ein Grenzfall, den viele nicht verstehen.

Die Kirche hält gelegen oder ungelegen daran fest, dass auch der Embryo eine menschliche Person ist. Schon das römische Recht anerkennt den *nasciturus* als vollwertige Rechtsperson, die zum Beispiel auch ein Erbrecht hat. Dies kennt übrigens auch unsere Rechtsordnung heute. Die Spannung zwischen beiden Schutzwürdigkeiten kann nicht einfach harmonisierend aufgelöst werden.

▓ Das Unrechtsbewusstsein bei der Abtreibung ist weitgehend geschwunden. Auch der Damm gegen die Euthanasie hat in immer mehr Ländern schon Risse. Zwischen den christlichen Konfessionen herrscht diesbezüglich keine Einigkeit. Hat die katholische Kirche als einsame Ruferin den Kampf nicht schon verloren?

Wir sehen uns zum Lebensschutz für Ungeborene und für Menschen in ihrer letzten Lebensphase aus unserem Glauben radikal verpflichtet und dürfen uns dabei nicht nach Mehrheiten richten. Das anspruchsvolle Ethos, das wir anderen zumuten, müssen wir freilich auch auf uns selber anwenden. Wenn in Zukunft immer mehr hochbetagte Menschen finanziell sehr kostspielige Pflege brauchen werden, wird sich wahrscheinlich der Druck der öffentlichen Meinung zugunsten aktiver Sterbehilfe verstärken. Dann werden die Katholiken radikal gefragt sein, ob sie in ihrem familiären Bereich auch unter großen Opfern an Energie, Zeit und Geld am Prinzip Lebensschutz –

bezogen auf die eigene Mutter, Großmutter oder andere nahe Verwandte – festhalten.

In Meinungsumfragen stellt sich immer wieder heraus, dass Liebe, Treue und eine gelingende Familie für die meisten jungen Menschen hoch im Kurs stehen. Ehe und Familie sind aber heute sehr fragil und werden teilweise auch offensiv neu definiert. Wie soll die Kirche darauf reagieren? Ist ihr Familienbild nicht unrealistisch?

Stabile Freundschaft und Gemeinschaft sind hierzulande für die meisten Menschen ein Ideal, auch wenn sie es nicht erreichen. Die katholische Kirche hat aber ein Bild von Ehe und Familie, das heute von vielen als zwar schönes, aber unerreichbares Ideal angesehen wird. Wir wissen das und wir dürfen nicht selbstgerecht mit dem Nichtgelingenden umgehen. Andererseits können wir unsere Prinzipien und Ideale nicht aufgeben: Ehe ist für uns die auf Dauer angelegte Gemeinschaft von Mann und Frau, und eine vollständige Familie ist eine Gemeinschaft von Mann, Frau und Kind, um die sich in konzentrischen Kreisen Verwandte und Freunde gruppieren. Patchwork dürfen wir nicht abschätzig beurteilen, aber wir glauben, dass die Gesellschaft und der Staat das Fragmentarische nicht einfach als das Normale bewerten sollen, weil das schließlich allen schaden kann. Hier gilt: Nicht jede Unterscheidung ist eine Diskriminierung. Lebenspraktisch ist es doch so, dass sich an einer gelingenden Ehe und Familie auch andere Menschen anhalten.

Viele Menschen kritisieren den Umgang der Kirche mit wiederverheirateten geschiedenen Katholiken. Sie dürfen etwa nicht generell die Kommunion empfangen. Das wird oft als Beispiel für eine Unbarmherzigkeit der Kirche gesehen. Bei den Wünschen nach Reformen steht dieses Problem immer ganz oben.

Nach dem Zerbrechen einer Ehe und schon gar, wenn davon auch Kinder betroffen sind, gibt es fast immer schmerzende Wunden. Diese soll man nie nur zudecken, sondern heilen helfen. Wenn man die Frage des kirchlichen Umgangs mit davon Betroffenen auf den Kommunionempfang reduziert, dann scheint diese Grenzziehung nichts anderes als eine Diskriminierung zu sein. Es geht aber bei der Kommunion allemal zuerst und zuletzt um die Begegnung mit Christus selber. Papst Johannes Paul II. hat in seinem Apostolischen Schreiben „Familiaris Consortio" die bestehende, kirchlich gegebene Grenze in Erinnerung gerufen. Er hat aber zugleich betont, dass solche Katholiken in der Kirche nicht wie Fremde angesehen und behandelt werden dürfen. Der Papst unterscheidet auch zwischen Katholiken, die trotz aufrichtigen Bemühens, die frühere Ehe zu retten, völlig zu Unrecht verlassen wurden, und anderen, die durch eigene schwere Schuld die eigene kirchliche Ehe zerstört haben. Mit seiner Grenzziehung beruft er sich auf eine von der Heiligen Schrift gestützte Praxis der Kirche und weist darauf hin, dass Lebensstand und Lebensverhältnisse wiederverheirateter Geschiedener im objektiven Widerspruch zu jenem Bund der Liebe zwischen Christus und der Kirche stehen, den die Eucharistie gegenwärtig und sichtbar macht. In dieser Situation steht es einem Bischof nicht zu, verbindliche Regelungen aufzuheben, aber wir sind, ich bin, seelsorglich besonders herausgefordert, sich solchen Katholiken einfühlsam zuzuwenden. Ich kenne sehr viele Menschen, auch nahe Verwandte, die davon betroffen sind.

Es wird sogar von Bischöfen gefragt, ob der Weg zum Empfang der Kommunion für solche Katholiken wirklich für immer versperrt bleiben muss, wenn ernsthaft versucht worden ist, alte Schuld anzuerkennen, Versöhnung mit dem verlassenen Partner zu erreichen und Schuldvergebung durch die Kirche zu erbitten. Sehen Sie eine Aussicht dafür?

Papst Franziskus hat in seinem langen Gespräch mit Journalisten auf dem Rückflug vom Weltjugendtreffen in Rio de Janeiro gesagt: „Ich glaube, dass dies die Zeit der Barmherzigkeit ist, dieser Epochenwechsel, in dem es so viele Probleme auch in der Kirche gibt. ... Man muss dazu übergehen, diese Wunden mit Barmherzigkeit zu heilen. ... Man muss auf dieses Thema in der Gesamtheit der Ehepastoral blicken. Die Orthodoxen folgen einer Theologie der Heilsökonomie und erlauben eine zweite Ehe. Wenn sich die Gruppe der acht Kardinäle versammeln wird ..., werden wir uns damit beschäftigen, wie man in der Ehepastoral weitergehen soll." Auch eine außerordentliche Bischofssynode 2014 wird sich mit dem Thema „Familie" und damit verbundenen Fragen befassen. Wir können da aber nichts präjudizieren.

Die Kirche begleitet auch eine zweite und daher nur zivile Ehe von Katholiken mit Gebet und Segen. Oft wird das aber inszeniert wie eine kirchliche Eheschließung. Löst sie damit nicht das Missverständnis aus, dass es ohnehin eine zweite Ehe in der Kirche gibt?

Es gibt dazu Texte für Gebete und Andachten, die strikt den Anschein vermeiden müssen, es gehe hier um eine zweite kirchlich gültige und sakramentale Ehe. Aber auch ein nicht sakramentales und auf Dauer angelegtes Ja zueinander ist gerade in einer Gesellschaft, wo Unverbindlichkeit weit verbreitet ist, ein humaner Wert, der Respekt verdient und unsere Begleitung braucht. Dieser Aufgabe und ebenso der Vorbereitung auf eine kirchliche Ehe müssten wir uns noch viel stärker widmen.

■ *Der Umgang der katholischen Kirche und zumal ihres Lehramtes mit dem Thema Sexualität ist ein Dauerthema für Kirchenkritik. Ihr wird vorgeworfen, ein negatives Bild und ein verkrampftes Verhältnis zur Sexualität zu haben.*

Sexualität ist ein von Gott gegebenes und tragendes Element menschlichen Lebens. Die Bibel spricht davon in den Schriften des Alten Testamentes mit schönen und berührenden Bildern. Und für den Apostel Paulus ist die Ehe der Christen ein Bild des Bundes Christi mit seiner Kirche. Papst Johannes Paul II. hat auf die Kostbarkeit der Liebe und einer damit verbundenen Sexualität als Ausdruck der Geschöpflichkeit des Menschen in „Familiaris Consortio" hingewiesen und gesagt, sie „ist keineswegs etwas rein Biologisches, sondern betrifft den innersten Kern der menschlichen Person. Auf wahrhaft menschliche Weise wird sie nur vollzogen, wenn sie in jene Liebe integriert ist, mit der Mann und Frau sich bis zum Tod vorbehaltlos einander verpflichten." Die Integration von Sexualität in ein gelingendes Leben ist eine schwerwiegende Aufgabe für jeden Menschen, viele Male gelingt dies bekanntlich nicht.

■ *Der Wiener Pastoraltheologe Paul Zulehner hat einmal provokant vorgeschlagen, die Kirche möge sich betreffend das Thema Sexualität ein mehrjähriges Bußschweigen auferlegen.*

Ich glaube, diese drastische Äußerung stand im Kontext der Aufdeckung von sexuellem und anderem Missbrauch betreffend Kinder und Jugendliche durch kirchliche Verantwortliche. Das ist eine Wunde und Schande, die wir nicht zudecken dürfen. Wir dürfen uns aber als Kirche im Umgang mit dem umfassenden Thema Sexualität weder das Reden verbieten lassen noch selbst schweigen. Der Kulturphilosoph Wolfgang Müller-Funk hat in einem Beitrag unter dem Titel „Die Kirche, die Odenwaldschule und wir" in der Wiener Tageszeitung „Der Standard" die Haltung der katholischen Kirche zur Sexualität zwar sehr kritisch beurteilt. Zugleich hat er bitte aber betont, dass der ständige Verweis auf repressive Strukturen in der katholischen Kirche als Erklärungsmuster für die Missbrauchsskandale zu kurz greift. Er hat auf die zahlreichen Missbräuche in der völlig außerhalb kirchlichen Einflusses stehenden und als pädagogische „Musterreformanstalt" viel gelobten Odenwaldschule verwiesen.

Das entschuldigt die Kirche aber nicht.

Selbstverständlich deute ich den Text von Müller-Funk nicht als Entlastung von Fehlern in der Kirche. Aber der Verfasser weist noch auf eine andere Dimension der Frage hin, die über die Kirche hinausgeht. Er kritisiert generell den Umgang der Gesellschaft mit Sexualität und sagt, dass „sich die große Erzählung von der Selbsterlösung des modernen Menschen in und durch Sexualität erledigt" habe: „Sexualität mag ein unverzichtbares Stimulans unseres Lebens sein und ist zugleich Gegenstand einer neuen Skepsis. Nirgends sind wir verletzbarer als in unserer leiblichen Intimität. Dahinter lauern Macht und Gewalt."

▓ Papst Benedikt XVI. hat darüber geklagt, dass es betreffend Miss-
brauch durch kirchliche Verantwortliche zu lange eine „Unkultur des
Nichtstrafens" gegeben habe, obwohl im Kirchenrecht Strafen, und
zwar ernste Strafen, vorgesehen sind. Das sei nicht nur in der Absicht
des Vertuschens geschehen, sondern auch aus einem falschen Verständ-
nis von Barmherzigkeit heraus, das er ausdrücklich kritisiert.

Das Problem von sexuellem Missbrauch und Anwendung von
Gewalt durch kirchliche Verantwortliche wurde in der Vergangenheit, soweit ich sehe, weniger versteckt als verdrängt. Es war
im generellen Bewusstsein von Kirche und Gesellschaft einfach
nur schwach präsent. Gewalttätigkeit in Gestalt von Ohrfeigen
und Prügeln, die wir heute generell endlich klar ablehnen, hat damals sozusagen zur allgemeinen Unkultur gehört und war weithin toleriert. In diesem Kontext war auch sexueller Missbrauch
ein weithin unbekanntes bzw. verdrängtes Problem. Seither haben wir uns in Österreich auf allgemein bekannte Weise bemüht,
mit dieser die Kirche, aber darüber hinaus die ganze Gesellschaft
betreffenden Wunde und Schande so umzugehen, dass vor allem die Opfer und ihr Leid im Blick waren und dass man um
maximale Prävention bemüht ist, damit solche Verletzungen in
Zukunft nicht mehr geschehen können. Völlige Sicherheit gibt
es da freilich nicht. Der Mensch ist ja, wie Immanuel Kant gesagt
hat, aus krummem Holz geschnitzt. Es geht aber auch darum,
den Klerus vor einem ungerechten Generalverdacht in Schutz zu
nehmen, und ebenso müssen wir uns als Christen um die Täter
sorgen. Dies geschieht, bezogen auf Straftäter, in rechtsstaatlich
verfassten Staaten durch die Rechtsordnung selbst.

▓ In vielen Ländern Europas gibt es eine starke Lobby für die Anerken-
nung einer dauerhaften Verbindung homosexueller Menschen als Ehe
mit allen Konsequenzen. In Frankreich gibt es darüber einen öffentlich

ausgetragenen Konflikt, ausgelöst durch eine starke, gar nicht nur von der Kirche ausgehende Gegenbewegung.

Es hat sich diesbezüglich vielerorts die Überzeugung etabliert, dass jede Unterscheidung auch schon eine Diskriminierung ist, also „every distinction is a discrimination". Wir sind aber davon überzeugt, dass Ungleiches weder gleich benannt werden noch gleich behandelt werden soll. Es ist also nicht jede Unterscheidung eine Diskriminierung, auch wenn in der öffentlichen Meinung eine gegenteilige Auffassung bereits stark verankert ist. Wenn hunderttausende Menschen in Frankreich dagegen auf den Straßen protestiert haben, dann kann man dies nicht generell als Konsequenz von Intoleranz und Mangel an Empathie abtun. Es geht diesen Kritikern darum, bewusst zu machen, dass eine solche Neudefinition von Ehe und Familie weitreichende negative Folgen für die Zukunft der gesamten Gesellschaft haben würde. Wenn einer homosexuellen Verbindung der Name „Ehe" versagt bleibt, dann bedeutet das ja nicht eine Verhinderung rechtlicher Regelungen in Konsequenz dieser Partnerschaft, sondern ein Beharren auf einem natürlichen Unterschied: Kinder gibt es eben nur als Konsequenz einer Verbindung von Mann und Frau. Ich habe aber herabwürdigende Äußerungen von kirchlichen Verantwortlichen gegen homosexuelle Menschen öffentlich zurückgewiesen. Papst Franziskus hat zu diesem Thema ebenfalls einfühlsam gesprochen.

In einem Dokument einer Kommission der Evangelischen Kirche Deutschlands, das dort für heftige Auseinandersetzungen sorgt, heißt es, „ein normatives Verständnis der Ehe als ,göttliche Stiftung' und eine Herleitung der traditionellen Geschlechterrollen aus der Schöpfungsordnung" entspreche nicht „der Breite des biblischen Zeugnisses".

Das wird allgemein als Plädoyer für die „Homo-Ehe" gelesen. Ist das ein weiterer Bereich, wo sich katholische und evangelische Ethik auseinanderentwickeln?

Ja, die deutschen katholischen Bischöfe haben dies unmissverständlich zum Ausdruck gebracht, und es gibt auch entsprechende evangelische Stimmen.

▨ *Eine noch radikalere Neudefinition des Menschseins wird von der sogenannten Gender-Bewegung angestrebt. Hier wird – vereinfachend gesagt – bestritten, dass das Geschlecht eines Menschen diesen in seiner kulturellen und biologischen Existenz fundamental bestimmt.*

Dieses Thema müsste nach meiner Überzeugung viel breiter und tiefer in den öffentlichen Diskurs gebracht werden. Dort müssten die einander entgegengesetzten Positionen klar und hart zur Sprache kommen. Die derzeitige Infiltration der öffentlichen Meinung durch diese Bewegung ohne fundamentales Nachdenken darüber erscheint mir als Gefahr für unsere Gesellschaft. Die katholische Kirche hat sich vor allem durch Papst Benedikt XVI. dieser Bewegung klar entgegengestellt.

▨ *Eine linke Gesellschaftskritik hat der biblischen Religion vorgeworfen, das Wort aus der Genesis „Macht euch die Erde untertan" seit mitschuldig an der Ausbeutung der Schöpfung.*

Das biblische Wort „Macht euch die Erde untertan" konnte nie bedeuten, dass die Menschen mit ihrer Um- und Mitwelt zerstörerisch ausbeutend umgehen dürfen. Die Kirchen haben ihr diesbezügliches Bewusstsein verändert und ihre daraus resultierende Verantwortung immer mehr begriffen, obwohl noch viel zu tun bleibt. Ein Thema, mit dem sich die

Kirchen offensichtlich noch zu wenig befasst haben, ist der Tierschutz. Die Vermeidung von Schmerz von Tieren ist ein Zielgebot, dem man sich nicht acht- und gedankenlos entziehen darf. Freilich müssen Tierschützer auch gefragt werden, ob sie mindestens gleich viel für den Schutz von Menschen tun. All das vorausgesetzt, leben wir Christen aber immer unter dem eschatologischen Vorbehalt, dass diese Welt nicht unsere letzte Heimat ist und dass man sich nicht nur um die Speise zu bemühen hat, die vergeht, sondern um die Speise, die – wie Jesus im Johannesevangelium sagt – „bleibt ins ewige Leben".

In der Predigt bei Ihrer Bischofsweihe haben Sie auch über die Freundschaft zum entfalteten zeitlichen Leben gesprochen. Das ist ja für viele Menschen der längste Abschnitt ihres Lebens und eine Zeit, in der es für viele auch viel Freude gibt. Das Christentum wird immer wieder verdächtigt, keine Religion der Freude zu sein. Oft wird dann Nietzsche mit seinem geflügelten Wort zitiert: „Erlöster müssten mir seine Jünger aussehen!"

Die Kernbotschaft des Christentums trägt den Namen Evangelium, Frohe Botschaft. Der Karfreitag war nicht die Endstation des Weges Jesu Christi. Freude am Leben und Lebensglück gehören also wesentlich zum Christentum. Mieselsucht und Nörgelei stehen dem im Weg. Wir haben Grund zur Freude und können auch in schwierigen Zeiten Freude haben, weil so Vieles in der Welt ja auch gelingt, und zwar nicht nur uns, sondern auch Anders- und Nichtglaubenden. Wir sind eine Solidargemeinschaft bezogen auf die ganze Menschheit. Christen haben auch etwas zu lachen, obwohl sich in Europa seit Jahrhunderten der Generalverdacht etabliert hat, dass

Katholiken eigentlich wenig zu lachen hätten. Der katholische rheinische Karneval ist ein nicht unbedeutendes Signal gegen diese Behauptung. Ich erinnere mich in diesem Zusammenhang an ein Wort des fast vergessenen anglo-französischen Schriftstellers Hilaire Belloc, der gesagt hat: „Unter katholischem Sonnenschein lacht man und trinkt einen guten Wein. Ich zumindest fand's überall so, *benedicamus Domino.*" Und auch der neue Papst Franziskus hat schon immer wieder über die Freude im Leben der Christen gesprochen. Wir sind als Christen inmitten der Gesellschaft keine Spaßverderber, aber wir verwechseln unsere aus tiefen Brunnen geschöpfte Freude nicht mit simplem Spaß.

Kirche, Weggemeinschaft des Glaubens

Mehr denn je Weltkirche

Vor zwei Jahrzehnten war die These, dass die Säkularisierung unaufhaltsam und damit ein generelles Schwinden von Religion, Glaube und Kirche verbunden sei, als eine Kulturdiagnose für Europa weithin anerkannt. Unterdessen wird das aber in Zweifel gezogen. Religiosität scheint ungebrochen aktuell zu sein, nur hat die Kirche – so sagt man – den Anschluss daran verloren. Stimmt eine solche Analyse?

Die Kirche hat in vielen Ländern Europas Reduktionen der Zahl ihrer Mitglieder und der Gesamtintensität kirchlichen Glaubens erlebt bzw. erlitten; dieser Prozess ist nicht zu Ende. Andererseits hat es viele Impulse zu einer Gegenbewegung gegeben, die freilich nicht flächendeckend wirksam wurden, aber es sind viele Frischzellen im manchmal müde und immunschwach gewordenen Leib der Kirche entstanden. Ich nenne beispielhaft neue religiöse Bewegungen, große und kleine Katholikentage, die Wallfahrtsbewegung und besonders auch die Weltjugendtage, an denen Europa ja einen erheblichen Anteil hat. Zu diesen Frischzellen gehören vor allem das große ehrenamtliche Engagement vieler Christen und hauptamtliche Dienste, die Laien mit ihrem Charisma in der Kirche leisten. All das ist nicht flächendeckend, aber wir werden uns ja immer mehr darauf einrichten müssen, als Kirche in nicht homogenen Gesellschaften zu leben.

Nach dem Zweiten Weltkrieg haben Sie und ich einen großen Aufbruch und ein neues Selbstbewusstsein der Kirche in Österreich erlebt. Dafür steht exemplarisch der Katholikentag 1952 mit seiner Parole von der freien Kirche im freien Staat. Wann und warum ist das abgebrochen?

Am Beginn des II. Vatikanischen Konzils war die Kirche in Europa unter vielen Aspekten stark. Man denke an die Zahl der geistlichen Berufungen, an die Zahl der regelmäßig den Sonntagsgottesdienst mitfeiernden Christen und anderes mehr. Die nach dem Konzil entstandenen Umbrüche werden von manchen Katholiken und ihren Gruppen einfach dem Konzil zur Last gelegt, was aber einem kritischen Blick nicht standhält. Das Konzil hat nach meiner Überzeugung eine drohende Erstarrung der Weltkirche und besonders auch der Kirche in Europa aufgebrochen. Ein solcher Bruch zerstört Harmonien, auch Scheinharmonien. Er tut weh und öffnet zugleich den Weg für Neues. Das Konzil ist ein unhintergehbares und dynamisches Erbe für die ganze Kirche. Die großen Veränderungen in der Zivilgesellschaft Europas waren keimhaft schon vorher programmiert. Geschichte ist nie ein langzeitig harmonisches Kontinuum; das gilt auch für die Kirchengeschichte.

Es war ausgerechnet der Erzbischof von Sydney, Kardinal George Pell, der im „Vorkonklave" der Papstwahl 2013 gesagt hat, das eigentliche Problem der Kirche heute seien nicht die Missbrauchsfälle, sondern der Niedergang des Christentums in Europa. Darin sieht er eine Gefahr für die gesamte Weltkirche. Ist das nicht eine bemerkenswerte Diagnose vom anderen Ende der Welt her?

Eine Diagnose vom – wie Sie sagen – anderen Ende der Welt kann manche Katholiken und Ortskirchen aus Bequemlichkeit aufscheuchen. Wir sollten die globale Situation des Christentums und zumal auch der katholischen Kirche nicht schönreden, uns aber auch nicht durch vereinfachte Schuldzuweisungen lähmen lassen. Wir brauchen da einen nüchternen und zugleich hoffenden Blick. Bei einer solchen Blickumkehr weg von einer Fixierung auf das Nichtgelingende und hin zum schon Gelingenden oder jedenfalls möglich Erscheinenden kann man ein Wort aus der Patmos-Hymne des Dichters Hölderlin mindestens im Ansatz bestätigt finden: „Wo aber Gefahr ist, wächst das Rettende auch."

Sie haben darüber auch bei einer Predigt im Rahmen des Europäischen Forums Alpbach gesprochen.

Ich habe dort gesagt, dass sich bei einem heutigen Blick auf die wissenschaftlich-technische Situation in Europa zwar immer noch das epochendiagnostische Wort Gründerzeit anbietet, sich bei einem Blick auf die gesamtkulturelle und auch religiöse Situation in Europa aber eher das Diagnosewort Spätzeit oder Zeit einer Dekadenz einstellt. Ich begnüge mich mit dem Begriff Übergangszeit und widerstehe allen apokalyptischen Schauern. In Alpbach habe ich auch an ein wenig bekanntes Gedicht von Rilke aus dem Jahr 1908 erinnert. Es ist ein literarisches Requiem für den durch Suizid verstorbenen Dichter Wolf Graf Kalckreuth, dessen Schlusszeilen lauten: „Wer spricht von Siegen? Übersteh'n ist alles." Man kann das im Sinn der Stoiker als Einladung zur Passivität verstehen. Ich bin aber kein Stoiker, sondern als Christ Anwalt einer nicht passiven, sondern einer aktiven Geduld. Wir haben Spielräume zur Gestaltung in Kirche und Gesellschaft. Wir können wünschen, dass sie größer wären, aber wir haben keine andere Zeit als die unsere und keinen anderen Lebensraum als unser derzeitiges Europa inmitten der instabilen, aber mit Milliarden von Hoffnungskeimen ausgestatteten Menschheit.

▓ Der bekannte amerikanische „Vaticanista" John Allen glaubt, dass sich der Schwerpunkt der Kirche nicht nur geographisch von Europa wegbewegt, sondern auch theologisch und spirituell. Die Kirche werde evangelikaler und weniger intellektuell. Immerhin breitet sich die Kirche ja in manchen Gegenden Afrikas und Asiens sehr schnell aus. Ist die Wahl eines Papstes aus Lateinamerika nicht eine Bestätigung für diese Prognose?

Wir sind heute mehr denn je eine Weltkirche. Es sollte für Katholiken daher selbstverständlich sein, den Blick über die Grenzen der eigenen Diözese und des eigenen Landes hinaus zu öffnen. Unsere Weltkirche ist zwar oft schwach, wie derzeit in manchen Ländern Europas. Anderswo ist sie nach außen hin zwar schwach, weil sie bedrängt wird wie in China, aber gerade dort ist sie auf paradoxe Weise auch stark, weil sie aus dem Untergrund heraus immer stärker und größer wird. In wieder anderen Ländern wie etwa Korea ist sie unübersehbar stark. In vielen islamisch dominierten Ländern wird sie als Minderheit schwer benachteiligt. Im großen Staat Nigeria begegnet eine starke katholische Kirche einer lebensbedrohenden islamistischen Aggression. Durch die Folgen des „Arabischen Frühlings" ist die Kirche in den Ländern ihres Ursprungs tödlich bedroht. All das ist Kirche, die im Auf und Ab der Geschichte oft durch Wasser und Feuer gehen muss und deren Weg dann wieder durch Grünland führt.

▓ Von Grünland haben die meisten österreichischen Katholiken in den letzten Jahren wohl nichts gespürt.

In Österreich war in den letzten Jahrzehnten wirklich ein wetterfester Glaube notwendig, um die Kirche nicht nur in ihren

Schwächen, sondern auch in ihrer inneren Stärke wahrzunehmen. Aber es gibt auch viel Freude und Zuversicht im Glauben. „Ich bin gern katholisch", haben zum Beginn des „Diözesanen Weges" am 14. Oktober 2012 einige in ihrem Beruf sehr erfolgreiche und persönlich glaubwürdige Frauen und Männer in der Grazer Stadthalle den etwa 3000 dort versammelten Katholiken zur Ermutigung gesagt.

▨ *In der öffentlichen Meinung dominieren allerdings die Konflikte und Auseinandersetzungen in der Kirche.*

Schwächen und Auseinandersetzungen gibt es in der Kirche schon seit der Zeit der Urgemeinde in Jerusalem. Die paradoxe Aussage des Apostels Paulus „Wenn ich schwach bin, bin ich stark" gilt auch für die Kirche im Ganzen. Der große französische Dichter Paul Claudel hat vor sein Hauptwerk „Der seidene Schuh" ein portugiesisches Sprichwort gesetzt: „Gott schreibt gerade (auch) auf krummen Zeilen." Freilich dürfen wir uns weniger Krümmungen wünschen, aber ernsthaften Christen ist heute und nicht erst heute ein erhebliches Maß von Wetterfestigkeit zugemutet. Zumutung meint hier, jemandem Mut zutrauen. Claudel hat dem Sprichwort aus Portugal ein vom Kirchenvater Augustinus geprägtes Wort hinzugefügt. Es lautet: „Etiam peccata serviunt." – „Auch die Sünden dienen." Augustinus wollte damit sagen, dass auch die Umwege über die Sünde das umfassende Ziel der Heilsgeschichte nicht auf Dauer behindern können.

▨ *Kann das nicht auch zu einem bequemen Sich-Abfinden mit Mängeln und Fehlern führen?*

Bequemlichkeit ist eine Versuchung, der wir leicht erliegen. Papst Franziskus wird nicht müde, davor zu warnen.

Man hört heute oft, es herrsche in der katholischen Kirche ein Stillstand, es gehe sozusagen nichts weiter. Wo sollte und könnte Ihrer Meinung nach etwas weitergehen?

Diese Diagnose wurde durch Medien sehr verstärkt und hat auch Kernschichten der Kirche erfasst. Gegenstimmen gibt es in der Kirche wie außerhalb zwar auch, aber sie sind viel leiser. Viele Menschen können einfach nicht verstehen, warum sich die Kirche nicht in Richtung jener Erwartungen bewegt, die dem Mainstream der öffentlichen Meinung entspricht. Als Bischof stehe ich am Kreuzungspunkt solcher Meinungen und Erwartungen. An einem Kreuzungspunkt, der manchmal auch zu einem Kreuzigungspunkt wird.

Sie haben die jährlichen Pfarrerwochen im Schloss Seggau, an denen sehr viele Priester teilnehmen, zum Ort gewählt, an dem Sie zu innerkirchlichen Streitfragen und Problemen Stellung nehmen. Was sagen Sie Ihren Pfarrern, wie es mit der Kirche weitergehen soll?

Ich habe zu einer Blickumkehr eingeladen und auf ein geflügeltes Wort von Leonardo da Vinci hingewiesen: „Wenn Du nicht kannst, was Du willst, dann wolle, was Du kannst." Jeder von uns kann unter dem Anspruch und der Verheißung dieses Leitwortes Aufbauendes tun. Wir sollen nicht ständig das Hohelied der Unzufriedenheit singen. Zu einer solchen Unzufriedenheit gibt es zwar viele Gründe, mit denen wir ehrlich umgehen sollten. Wer aber beharrlich das Gute übersieht, der lähmt sich selbst und andere.

Sie sprechen gern von der Mitte als dem Ort, an dem Sie stehen wollen. Das ist aber nicht nur eine Ortsbezeichnung. Was meinen Sie damit inhaltlich?

Diese Mitte ist kein eindeutiger Begriff. Für mich ist die Mitte Christus mit seinen durchbohrten, am Kreuz ausgespannten und durch die Auferstehung verklärten Armen. Er öffnet diese Arme nach beiden Seiten hin und will alle an sich ziehen und an sein Herz nehmen. Mit Christus als Mitte können wir Spannungen in unserer Kirche aushalten und teilweise auch überwinden: Spannungen zwischen Positionen, die wir oft zu rasch und zu einfach als progressiv oder konservativ bezeichnen. Die Mitte ist kein bequemer Ort, sie ist aber ein Quellgrund jener Kraft, die uns aus dem Leiden und der Auferstehung Christi zukommt. Wer sich als Christ dort einwurzelt, der kann auch heute ohne Arroganz selbstbewusst und missionarisch sein.

Die Kirche ist im Schrumpfen begriffen. Man sieht dies besonders an der Zahl der an Gottesdiensten Teilnehmenden. Deprimiert Sie das?

Wir sollten Probleme nicht kleinreden, sondern ehrlich mit ihnen umgehen. Kirchliches Leben schrumpft unübersehbar, sowohl in der katholischen Kirche als auch in den Kirchen der Reformation. Die evangelikale Bewegung innerhalb dieser Kirchen ist demgegenüber – so scheint es – stabil oder wird sogar stärker. Verluste in manchen Bereichen kirchlichen Lebens sollten aber, wie schon gesagt, nicht übersehen lassen, dass es nicht nur Abbrüche, sondern auch Umbrüche und neue Aufbrüche gibt.

Welche Aufbrüche sehen Sie und wo?

Es gibt besonders im Jugendmilieu mehr „Frischzellen", als weithin bekannt ist. Generell angestiegen ist auch die Sensibilität für die Not anderer Menschen und ganzer Völker und die Bereitschaft, materielle und ideelle Hilfe zu leisten. Diese

Impulse sind tief im Evangelium und überhaupt in der biblischen Religion verwurzelt. Sie sind starke Abstrahlungen des biblischen Ethos.

Früher hat man Katholiken an „klassischen" Parametern erkannt: Teilnahme am Sonntagsgottesdienst, Familien mit vielen Kindern und der Verzicht auf Fleischspeisen am Freitag. Das gibt es heute nicht mehr als Regel.

Diese Parameter sind aber nicht entbehrlich, auch wenn sie zeitweise schwächer werden. Der Einsatz für den Sonntagsgottesdienst und für intakte Familien mit mehr Kindern darf nicht einschlafen, und das Fasten als ein Widerstand gegen eine Gier, die freilich auch viele andere Gestalten hat, bleibt ein Dauerauftrag. Neuen Kernschichten der Kirche sind diese Themen schon wieder sehr wichtig.

Der Umgang mit Sexualität hat sich dagegen nicht nur generell geändert, sondern weitgehend von kirchlich-katholischen Ordnungen und Idealen entfernt.

Mit all dem dürfen wir nicht resignativ umgehen, sondern müssen im Blick auf das Ganze beharrlich eine Erneuerung versuchen. Eine solche Erneuerung braucht viele überzeugte und überzeugende Christen und ihre zunächst oft kleinen Gemeinschaften, die unverkrampft beispielhaft leben und in einer zunehmend pluralen Gesellschaft auskunftsfähig über den Glauben sind.

Was sagen Sie den meist älteren Christen, die sich an einem Wochentag oder einem gewöhnlichen Sonntag zur Feier der Eucharistie versammeln und feststellen, dass sie immer weniger werden? Wie sollen die nicht mutlos werden?

Diese treuen Christen sollten eine Blickumkehr vollziehen und sagen: Wir stehen oder knien bei diesem Gottesdienst stellvertretend auch für alle anderen: für die anderen, die nicht kommen können oder nicht kommen wollen. Auch auf sie hat Christus in der Taufe seine Hand gelegt, und er zieht sie nicht zurück, auch wenn sie sich vom ihm entfernen. Für sie feiern wir stellvertretend die Eucharistie entsprechend einem Wort im Hochgebet: „Wir danken dir, dass du uns berufen hast, vor dir zu stehen und dir zu dienen." Und wir feiern die Eucharistie nicht nur für die ganze Kirche, sondern stellvertretend auch für die ganze Menschheit, *pro totius mundi salute.*

■ *Ist das nicht etwas viel verlangt?*

Eine solche Umkehr des Blickes weg von der Ausrichtung allein nach innen, sondern auch nach außen „bis an die Grenzen der Erde", wie das Evangelium sagt, ist eine Kraft gegen Kleinmütigkeit, aber auch gegen einen pharisäischen Stolz, der zur Stellvertretung als einem demütigen Dienst für andere Christen, aber auch für andersglaubende und nichtglaubende Mitmenschen, nicht bereit ist.

■ *Wenn Sie über dieses Prinzip Stellvertretung als eine Weise kirchlichen Selbstverständnisses sprechen, könnte das nicht eine Selbstüberschätzung sein, das Gefühl, auserwählt zu sein?*

Erwählt zu sein ist eine Gnade, aber oft auch eine Last. Sie zu tragen soll nicht stolz, sondern liebender werden lassen. Auch eine kleine Gemeinschaft von tief im katholischen Glauben eingewurzelten Christen mehrerer Lebensalter kann ein neues und christlich authentisches Selbstbewusstsein gewinnen, wenn sie sich nicht als schrumpfende Minderheit versteht, sondern als ein Ensemble von Frischzellen mit Christus in ihrer Mitte im Leib von Kirche und Gesellschaft. Und eine solche kleine Gemeinschaft wird früher oder später auch missionarisch sein. Joseph Ratzinger hat schon vor Jahrzehnten darüber geschrieben. Die Kirche ist in der Nachfolge Christi die „Schar der ‚Wenigen‘, durch die Gott ‚die Vielen‘ retten will. Ihr Dienst wird zwar nicht von allen, wohl aber für alle getan".

Wie bewahrt sich diese kleine Schar davor, sich selbst in ein Ghetto zu begeben?

Diese kleine Schar braucht auch diskursfähige Mitglieder zum Gespräch über Gott und Welt mit Außenstehenden. Und in ihrer Mitte ist besonders auch der Ort für jene Stillen im Lande, die man früher sehr zutreffend als Opferseelen bezeichnet hat – etwa Mystikerinnen und Mystiker, die in der Nachfolge Christi stellvertretend für andere leiden und sühnen. Es gibt sie auch heute, aber sie sind der kirchlichen Aufmerksamkeit weitgehend entzogen. Die Kirche lebt vor allem auch aus dieser Kraft.

Sie haben mir einmal von einem Erlebnis in einer russisch-orthodoxen Liturgie in Jerusalem erzählt, das Ihnen der verstorbene Mönch und Archimandrit Daniel Gelsi vermittelt hat.

Vor mehr als 30 Jahren habe ich in der russisch-orthodoxen Kirche in Jerusalem an der feierlichen Vesper vor dem Epiphaniefest, dem orthodoxen Weihnachten, teilgenommen. Das russische Kloster glich damals einer kleinen Festung, weil es einem politisch-religiös motivierten Telefonterror ausgesetzt war, der begleitet von Todesdrohungen die dortigen Priester und Nonnen zur Auswanderung zwingen wollte. Zwei Priester, ein

Diakon und fünf Nonnen feierten diese Vesperliturgie ungefähr drei Stunden lang mit größter Sorgfalt und Andacht unter Entfaltung aller Schönheit, die von der orthodoxen Kirche aufgeboten werden kann. Die kleine mitfeiernde Gemeinde bestand nur aus katholischen und evangelischen Christen. Ich staunte über die geistliche Kraft, die von den Geistlichen und dem Gesang der Nonnen ausging. „Sie vertreten ganz Russland an den heiligen Stätten in Jerusalem, und das hält sie aufrecht", sagte Pater Gelsi, der ein herausragender Kenner der Ostkirchen war. Das war ein besonders bewegendes Beispiel für ein christliches Leben als verdichtete Stellvertretung für andere Menschen, ja für ein ganzes Volk vor Gott.

Sie sprechen das Verhältnis von Kirche als Ganzes zu einer konkret versammelten Gemeinde an. Was bedeutet eigentlich die berühmte Formel „Nulla salus extra ecclesiam"?

Sie meint nicht, dass es außerhalb Kirche kein Heil gibt. Das hat ja auch das Konzil klar gesagt: Alles Heil, das jemand erfährt, ob er es weiß oder nicht, hat aber nach unserer Überzeugung seine tiefste Quelle in der Menschwerdung Gottes und im Erlösungswerk Christi.

Identität und offener Horizont

Die katholische Kirche ist die weltweit größte einheitlich verfasste Religionsgemeinschaft. Wie kann sie da überhaupt ihre Identität und Einheit erhalten?

Ihre Einheit kann keine bloß menschliche Leistung sein, sondern kommt aus dem Ineinander und Miteinander von menschlicher Anstrengung und göttlicher Gnade. Unsere Kirche ist immer und so auch heute, was ihre Einheit betrifft, den größten Herausforderungen ausgesetzt. Sie steht in der Spannung zwischen Homogenität und Pluralität, zwischen Breite und Tiefe, zwischen Tradition und neuen Herausforderungen, zwischen sozial-politischem Engagement und mystischer Versenkung in Gott. Sie macht Fehler und begeht Sünden, hat aber zugleich riesige Ressourcen an Mitmenschlichkeit, an Barmherzigkeit und Heiligkeit und aktiviert viel davon an jedem neuen Tag.

Warum sind Sie katholisch, warum soll jemand ausgerechnet katholisch sein? Würde es nicht genügen, Christ zu sein? Was ist das spezifisch Katholische?

Wenn wir glauben, dass Gott in Jesus Christus Mensch geworden ist, dass er als solcher berührbar und auch verletzbar geworden ist, und wenn wir davon überzeugt sind, dass Jesus Christus die Kirche gewollt hat, dann ist eben die Kirche nicht nur eine Institution, ein Verein, ein soziologisches Gebilde, sondern zutiefst sein mystischer Leib: sichtbar, hörbar, verletzbar, aber in der tiefsten Tiefe nicht zerstörbar. Manche aus der protestantischen Reformation hervorgegangene Kirchen trennen die sichtbare Kirche von einer wahren, aber unsichtbaren Kirche. Das halte ich mit katholischer Identität nicht für vereinbar; es ist mir, vereinfachend gesagt, zu platonisch. Der heilige Jesuit und Kirchenlehrer Kardinal Bellarmin hat gesagt, die Kirche sei ebenso sichtbar wie die Republik Venedig. Auch das ist nur eine fragmentarische Wahrheit. Die beiden Extreme sollten auf eine gemeinsame Mitte und Tiefe hin offenbleiben. Das ist manchmal eine Last, aber es ist über all das hinaus eine Gnade und auch eine beständige Quelle von Freude.

Heute wird die Kirche von vielen weniger als eine mystische Gemeinschaft, sondern eher als eine bloße Organisation verstanden, deren Funktionstüchtigkeit noch dazu oft als mangelhaft empfunden wird. Kann man eine solche Institution lieben?

Für mich ist die Kirche, seit ich sie tiefer erlebt habe, und das war in der Zeit meines Jusstudiums, nicht nur eine erstaunliche, wenn auch mit Mängeln versehene Institution, sondern ein von Gott gewolltes Instrument zur Erschließung seiner unauslotbaren Tiefe. Ich habe als Student die von der Konvertitin und bedeutenden Dichterin Gertrud von Le Fort verfassten „Hymnen an die Kirche" erstmals und dann immer wieder gelesen. Trotz ihrer hohen Sprache, die heute von vielen nicht leicht verstanden und emotional mitvollzogen werden kann, sollten diese kostbaren Texte wieder rezipiert werden. Vieles in Kirche und Kultur wird ja oft durch lange Zeit vergessen, aber es kann auch warten und wird eines Tages wie ein verborgener Schatz neu entdeckt. In diesem Zusammenhang erinnere ich mich an die Nachricht, dass Weizen, der in Gräbern ägyptischer Pharaonen als Grabbeigabe gefunden wurde, nach Jahrtausenden seine ungebrochene Keimfähigkeit erwiesen habe. Er war also kein toter Schatz.

Gerade in einer Zeit zunehmender Individualisierung stellt sich für die Kirche drängender denn je die Frage nach der Beziehung des Einzelnen zur Gemeinschaft.

Ein theologischer Spruch, der freilich missverstehbar ist, sagt lapidar: „Ein Christ ist kein Christ." Der christliche Glaube lebt von seinem Wesen her aus einem profunden Miteinander und Ineinander von Ich und Wir. Er zielt immer auf Gemeinschaft: auf Gemeinschaft mit Gott in der Kirche. Der Gott der Christen ist dreifaltig. Er ist also in sich selbst eine Gemeinschaft von Vater, Sohn und Heiliger Geist. Das Höchste und Größte, was wir als Christen über das Wort Einheit denken und sagen können, ist durch den Glauben an den einen und dreifaltigen Gott inspiriert. Selbstverständlich war der in Vietnam vom kommunistischen Regime jahrelang in quälender Einzelhaft gehaltene Bischof und spätere Kardinal Franz Xaver Thuân ein Christ. Er hat die Eucharistie allein und geheim mit einigen Krumen Brot und einigen Tropfen eingeschmuggelten Weines gefeiert, aber er war in dieser extremen Ausnahmesituation gewiss ein profunderer Christ als Millionen anderer Getaufter, die irgendwie mit einer christlichen Gemeinde oder Gemeinschaft verbunden sind. Er hat stellvertretend für die ganze Kirche gebetet und gelitten und war daher auch in der Einzelhaft nie allein.

■ *Der Glaube an die Dreifaltigkeit trennt das Christentum radikal vom Gottesbild des Judentums und des Islam.*

Ja. Wir werden jedoch immer wieder versuchen zu erklären, dass wir nicht an mehrere Götter glauben, was uns Christen ja oft unterstellt wird. Unser Glaube an den dreifaltigen Gott unterscheidet uns aber radikal auch vom edlen griechischen Philosophen Plotin, der im Jahr 270 in Italien gestorben ist. Er hat das Gebet als Flucht eines einsamen Menschen zum einsamen Gott hin bezeichnet. Im Gegensatz dazu weiß selbst ein einsamer Christ beim Beten immer, dass die ganze Kirche daran mitbeteiligt ist. Und sein Gebet richtet sich nicht an einen einsamen, sondern an den dreifaltigen Gott.

■ *Den monotheistischen Religionen, besonders Christentum und Islam, wird vorgeworfen, sie hätten eine Affinität zur Gewalt. Den Vorwurf erhebt besonders der bekannte deutsche Ägyptologe Jan Assmann.*

Jede Religion ist auch gefährdet, eine spezifische Pathologie auszuprägen. Davor waren und sind auch die drei monotheistischen Religionen nicht verschont. Ungerechte Gewalt im Namen Gottes kann sich jedenfalls nicht auf das Evangelium berufen.

■ *„Reform" ist zu einem fast magischen Wort in der Kirche geworden. Wie könnte eine echte Reform aussehen?*

Eine alte und unbestreitbare Redensart spricht von der Kirche als *ecclesia semper reformanda* und sagt, dass die Kirche immer Reformbedarf hat. Das ist aber nicht immer und überall gleichermaßen dringlich. Die Heiligen waren jederzeit am stärksten für eine Reform von der Mitte und Tiefe der Kirche her engagiert. Manche haben dies mit prophetischem Eifer getan, andere waren unspektakulär geduldig. Ich halte nicht jede Ungeduld, die sich in den letzten Jahrzehnten in der Kirche artikuliert hat, für prophetisch. Manches erscheint mir eher als ein Reflex im Dienst einer zeitgenössischen political correctness.

■ *Man braucht da aber nicht sehr viel Hellsichtigkeit, um die Geister zu unterscheiden, oder?*

Ich glaube im Gegenteil, dass man ziemlich viel Hellsichtigkeit braucht, um im Blick auf den heutigen katholischen Pluralismus die Geister zu unterscheiden. Dass alle oder fast alle daran Beteiligten es gut meinen, bezweifle ich *a priori* möglichst nicht. Oft bete ich im Blick auf diesen Pluralismus den vor mehr als 1000 Jahren entstandenen Hymnus des Hrabanus Maurus an den Heiligen Geist, der mit der großen Invokation „Veni Creator Spiritus" beginnt: „Komm, Schöpfer Geist!"

■ *Für wen?*

Für alle, auch für mich.

■ *Seit den späten 1960er-Jahren gibt es in der Kirche der deutschsprachigen Länder immer wieder Konflikte über den Inhalt des Glaubens, vor allem aber über die Verfassung der Kirche. In Österreich verstanden sich zunächst das „Kirchenvolksbegehren" und seit einigen Jahren die „Pfarrer-Initiative" als Anwälte von Reformen. Die Bischöfe sind dabei in die Rolle von reformunwilligen Verteidigern des Status quo geraten. Sehen Sie einen Ausweg aus dieser Polarisierung?*

Ein Ringen und oft auch Streiten über die Glaubenslehre und den Weg der Kirche hat es seit der Zeit der Urkirche in Jerusalem oftmals gegeben. Es ging dabei immer wieder auch um Fundamentales, aber die Methoden dieser Auseinandersetzung waren vom Geist des Evangeliums oft weit entfernt. Sie haben sogar zu blutigen Kriegen geführt; man denke an den Dreißigjährigen Krieg. Damit verglichen war die Kirchengeschichte seit dem II. Vatikanischen Konzil eine ziemlich ruhige Zeit. Es wurde trotzdem viel gestritten und Regeln der Fairness blieben auf beiden Seiten oft außer Acht. Die Verpflichtung gegenüber der Wahrheit, die der Kirche anvertraut ist, verlangt aber manchmal klare Entscheidungen, die auch wehtun.

■ *Sie waren und sind in allen Auseinandersetzungen über den weiteren Weg der Kirche immer völlig loyal mit dem Papst verbunden. „Papsttreu" gilt ja in manchen katholischen Kreisen als Schimpfwort.*

Es war für mich, wie bei der Bischofsweihe versprochen, selbstverständlich, in Einheit mit dem Papst, dem Träger des Petrusamtes, zu stehen und zu wirken. Ich habe bei aktuellen Kontroversen in Medien auch wiederholt gesagt, dass mit mir kein Weg am Papst, an Rom vorbei zu gehen ist. Zugleich war ich aber selbstverständlich immer den mir besonders anvertrauten Christen zugewendet: in ihren Freuden und Leiden, ihren Hoffnungen und Enttäuschungen, ihren spirituellen und materiellen Nöten und in ihrer Nähe oder Ferne zu Gott. Im Ringen um Wünsche und Forderungen zur Veränderung der Kirchenverfassung habe ich immer wieder gesagt, dass Widerstand gegen Reformwünsche prophetisch sein kann, auch wenn solche Wünsche und Forderungen bei Meinungsumfragen durch große Mehrheiten unterstützt werden. Man kann das freilich meist erst später erkennen.

Kirche
als Sakrament

Liturgie, Abglanz der Schönheit und Güte Gottes

▨ Die große Liturgiereform nach dem Konzil war für viele Gläubige eine sehr einschneidende Veränderung. Längst ist die erneuerte Liturgie selbstverständlich geworden und weithin akzeptiert. Bereits zwei Generationen von Katholiken sind mit ihr aufgewachsen. Dennoch gibt es immer noch Kritik daran. Der deutsche Schriftsteller Martin Mosebach hat von einer „Häresie der Formlosigkeit" gesprochen. Wie könnte die neu gewonnene Unmittelbarkeit und Spontaneität mit gesicherten und tragenden Formen in Einklang gebracht werden?

Die Liturgiereform nach dem Konzil ist von einem breiten Konsens in der Kirche getragen, und unzählige Katholiken haben in ihr eine geistliche Heimat gefunden. Neben der erwähnten Kritik von Mosebach gibt es aber leisere Stimmen, die nicht den durch Papst Paul VI. erneuerten Ritus als solchen infrage stellen, sondern kritisieren, wie damit umgegangen wird. Sie beklagen Sorglosigkeit und Schlampigkeit in der Liturgie, einen Mangel an Ehrfurcht. „Wie glanzlos ist das Gold geworden" – dieses Wort aus den biblischen Klageliedern trifft auch auf manche liturgische Deformation zu.

▨ Auch Sie haben einen Beitrag gegen die zunehmende Formlosigkeit geleistet. Eines Ihrer Bücher trägt den Titel „Heilige Zeichen" und

beschreibt grundlegende Zeichen und religiöse Vollzüge, die in Verlust
zu geraten drohen.

Der Anstoß dazu war die Enttäuschung darüber, dass bei meinem Besuch als Bischof im Religionsunterricht einer Volksschule im Jahre 1983 die Kinder nicht wussten, was Katholiken beim Eintreten in eine Kirche als Schwellenritus tun oder tun sollen: nämlich sich mit geweihtem Wasser bekreuzigen und vor dem Tabernakel, auf den das flackernde Ewige Licht hinweist, eine Kniebeuge machen. Ich habe dann gesagt, dass es im Land ja auch islamische Schülerinnen und Schüler gibt, und ob jemand wisse, wie das Gotteshaus der Muslime heißt und was Muslime tun, wenn sie da hineingehen. Tatsächlich wussten zwei katholische Schüler, dass das islamische Gotteshaus Moschee heißt und dass man beim Eintreten die Schuhe auszieht. Wir waren gleich darüber einig, dass Katholiken auch wissen müssten, was in einer katholischen Kirche zu tun ist. Ich habe dann durch Monate in jeder Ausgabe der Kirchenzeitung einen kleinen Text über Heilige Zeichen veröffentlicht – über die Kirchentür und die Schwelle, über Turm und Glocken, über Brot, Wein, Wasser, Salz, Licht und so weiter. Das sollte Impulse geben für den Religionsunterricht und für die Seelsorge überhaupt und ein Versuch zur Vermehrung des Glaubenswissens und zur Heilung der Liturgie von mancher Banalität sein.

Hat das nachhaltig gewirkt?

Ich bin da nicht sehr optimistisch trotz der vielen Auflagen, die das Buch erfahren hat, und obwohl es in sechs andere Sprachen übersetzt wurde. Einübung in Liturgie auch durch Wissen um ihre Zeichen sollte ein Dauerauftrag an alle kirchlichen Bildungseinrichtungen sein, sonst wird die Liturgie als Mitte und Tiefe kirchlichen Lebens entscheidend geschwächt. Auch kultivierte Agnostiker werden vielleicht zugeben, dass es sich hier um ein Kulturwissen auch für Nichtglaubende handelt, dessen Verschwinden sie ärmer machen würde.

▧ *Die Bewegung um Erzbischof Lefebvre, aber auch traditionalistische Gruppen, die in voller Einheit mit Rom stehen, beklagen den Verlust der sakramental-mystischen Dimension und des Opfercharakters der heiligen Messe.*

Alle Päpste seit Paul VI. haben die Eucharistie immer entsprechend den liturgischen Büchern gefeiert, die auf der Grundlage des Konzilsdokuments „Sacrosanctum Concilium" erstellt worden sind. Auch die erneuerte Liturgie soll durch Heiligkeit und Schönheit geprägt sein, und sie ist es im Regelfall auch. Der neue Ritus ist nicht so bis in Details festgelegt wie der vorausgegangene. Das entspricht besser der Vielfalt in der Weltkirche. Eine zu große Starre und unnötige Uniformität werden so verhindert. Andererseits sind dadurch auch manche Türen für nicht akzeptable Eigenmächtigkeiten geöffnet worden. Man muss dem beharrlich durch ein Bemühen um eine echte *ars celebrandi* entgegenwirken.

▧ *Der schon erwähnten Kritik hat Papst Benedikt XVI. auch seine eigene hinzugefügt, was nicht von allen verstanden worden ist und ihm wenig Sympathien eingebracht hat.*

Der Papst hat die Gefahr gesehen, dass eine liturgische Gemeinde ohne tiefes Eintauchen in das eucharistische Mysterium mehr sich selber feiert, als sich mit Christus im Heiligen

Geist auf Gott, den Vater, hin zu überschreiten. Noch als Kardinal hat der Papst diese Kritik in seinem Buch „Der Geist der Liturgie" entfaltet.

Vollends missverstanden worden ist dann die Zulassung des Ritus von 1962 als außerordentliche Form durch das Motu Proprio „Summorum Pontificum". Von Kritikern ist das als Rückschritt und Distanzierung vom postkonziliaren Ritus verstanden worden.

Papst Benedikt hat in einem Brief an den Weltepiskopat ausdrücklich gesagt, dass der erneuerte Ritus die Regel ist und bleiben wird. Er wollte aber auch den geistlichen Schatz der nun sogenannten „alten Liturgie" offiziell bewahren. Man sollte nicht vergessen, dass Papst Paul VI. von vielen Künstlern und anderen Intellektuellen, zum Beispiel Graham Greene und Gertrud von Le Fort, eindringlich gebeten wurde, an diesem Ritus festzuhalten und besonders die Verdrängung des Latein zu verhindern. Am Latein wollte ja auch das Konzil ausdrücklich festhalten.

Waren Sie als Diözesanbischof oft mit solchen Spannungen über die Liturgie konfrontiert?

Das war und ist eher selten der Fall. Wichtig ist, dass beide Riten nicht vermischt werden. In jeder Liturgie geht es um Ehrfurcht vor dem Heiligen und auch um Schönheit und immer um Güte. Die Liturgie soll immer ein Abglanz von Gottes Heiligkeit, Güte und Schönheit sein. Das kommt besonders in der Liturgie der orthodoxen Kirchen zum Ausdruck. Die Volkssprache dürfte bei uns nicht mehr zurückgedrängt werden. Dies vorausgesetzt, sollte es aber einen unverkrampften Umgang mit dem Latein geben. Es wäre auch ein großer Schaden, wenn der gregorianische Choral, ein besonderer Schatz der katholischen

Liturgie, generell verloren ginge. Bei all dem kommt es sehr auf die Priester an, auf ihre theologische Kompetenz und auf ihre Fähigkeit, die ihnen anvertrauten Gemeinden vor Spaltungen bewahren zu helfen.

■ *Sie müssen auch Auseinandersetzungen über die Gestalt des Empfangs der Kommunion führen, weil manche Priester die Spendung der Handkommunion verweigern. Wie lösen Sie solche Fälle?*

Es geht bei der Kommunion unverzichtbar um den Glauben an die wirkliche Gegenwart Christi in der Gestalt des konsekrierten Brotes. Manche Teilnehmer am Gottesdienst gehen damit ohne Ehrfurcht um. Das ist ein Ärgernis für andere und muss durch Katechese und Predigt überwunden werden. Wenn aber Ehrfurcht gegeben ist, dann gibt es die Freiheit, sich für Handkommunion oder für Mundkommunion zu entscheiden. Und es gibt auch die Freiheit, die Kommunion stehend oder kniend zu empfangen. Wir werden in der Kirche aber generell wieder lernen müssen, dass vor dem Empfang der Kommunion eine Schwelle liegt, an der wir innehalten und uns fragen, ob wir ohne Umkehr, ohne Reue zur Kommunion herantreten dürfen. Wenn wir es trotzdem tun, dann gehen wir mit leerem Herzen wieder fort.

■ *Die katholische Kirche hat einen großen geistlichen Schatz, der von anderen christlichen Konfessionen entweder nicht verstanden oder um den sie beneidet wird: die eucharistische Anbetung. Die Orthodoxie kennt das nicht.*

Die orthodoxen Christen schöpfen Kraft aus ihrer reichen Liturgie, aus der Verehrung der Ikonen und aus vielem anderen. Für die katholische Kirche ist die Eucharistie das eigentlich Wichtige. Sie darf nie weniger wichtig werden als die erst durch sie mögliche eucharistische Anbetung. Aber sogar Roger Schutz, der evangelische Christ und Gründer der Mönchsgemeinschaft von Taizé, hat diese Art anbetender Frömmigkeit gepflegt und gefördert. In seinen Tagebüchern findet sich eine Aufzeichnung, die ungefähr so lautet: „Heute verweilte ich lange Zeit in der kleinen katholischen Dorfkirche vor dem Tabernakel im Gebet. Das ist ein bewohnter Ort."

Im Miteinander von allgemeinem Priestertum und geweihtem Dienst

▨ *Untrennbar mit der Eucharistie ist die Gestalt des katholischen Priestertums. Bis zum Konzil war die Sicht vorherrschend, dass die Aufgabe des Priesters vor allem darin bestehe, Liturgie zu feiern. Nach dem Konzil hat sich eine Auffassung verbreitet, die den Priester eher als Gemeindepfarrer sah. Welche Sicht entspricht dem Konzil?*

Das II. Vatikanische Konzil hat unübersehbar deutlich gemacht, dass der Priester und der Bischof nicht isoliert über der Gemeinde stehen und stehen dürfen. Es wurde dadurch mancher Klerikalismus nicht nur kritisiert, sondern seither auch schon überwunden. Der Priester steht nicht über der Gemeinde, sondern in ihr, aber zugleich ihr gegenüber – so besonders, wenn er der Eucharistiefeier vorsteht. Das Konzil hat mit Nachdruck auf das allgemeine Priestertum verwiesen, das jedem Christen aufgrund seiner Taufe gegeben und aufgetragen ist. Es gibt heute aber in der Kirche der westlichen Welt die Tendenz, das auf einem eigenen Sakrament beruhende Weihepriestertum auszuhöhlen. Der Priestermangel, den wir erleben, ist dafür sowohl eine Ursache als auch eine sich daraus ergebende Konsequenz. Eine solche Entwicklung gefährdet auf schwerwiegende Weise die katholische Identität und entfernt uns noch weiter von den Kirchen des Ostens. Ich übersehe aber nicht, dass es in der katholischen Kirche in Ländern wie dem unseren da und dort auch einen Neoklerikalismus gibt, der verkrampft mit Laienchristen und besonders auch mit der Liturgie umgeht. Das ist auch ein Missverständnis der wahren Intention von Papst Benedikt XVI. betreffend das Miteinander der römisch-katholischen Liturgie in ihrem ordentlichen und in ihrem außerordentlichen Ritus.

Sie sind seit 52 Jahren Priester. Sie sind es – wie Sie oft gesagt haben – immer gern gewesen, und diese Freude hält bis heute ungebrochen an. Aber nicht alle Priester, die Ihnen als Bischof anvertraut sind, können das von sich sagen. Sie sind im Laufe der Jahre auch mit vielen Problemen und Nöten konfrontiert worden. Ist Priestersein heute noch attraktiv?

Probleme genießen in der öffentlichen Wahrnehmung meistens Vorrang. Gerechterweise müsste man viel mehr auf das Gelungene und Gelingende achten. Ich bin Priester geworden, weil ich zunächst faszinierenden Priestergestalten in den Romanen des Renouveau Catholique begegnen konnte. Ich nenne da vor allem den Roman „Tagebuch eines Landpfarrers" von Georges Bernanos und dann die halbvergessenen Priesterromane des schottischen Konvertiten Bruce Marshall. Unter ihnen „Keiner kommt zu kurz oder Der Stundenlohn Gottes", „Alle Herrlichkeit ist innerlich" und „Du bist schön, meine Freundin". Man sollte diese Bücher wieder lesen. Die heutigen Lebensbedingungen von Priestern unterscheiden sich weitgehend, aber nicht ganz vom Leben der dort gezeichneten Priestergestalten. Vor allem ist es die mystische Tiefe des französischen Landpfarrers, des Pfarrers Smith in Edinburgh und des Abbé Gaston in Paris mitten in ihrem Alltag, die auch einem heutigen Priester nicht fehlen darf, wenn er seine Berufung nicht verlieren soll. Seither habe ich bei uns und weltweit sehr viele Priester getroffen, die ihre Berufung ansteckend glaubhaft gelebt haben und leben. Manche dieser Lebensgeschichten könnten auch den Stoff für einen Roman abgeben.

■ Wenn hierzulande heute über das Thema Priester gesprochen wird, dann kommt man sehr rasch auch zum Thema Zölibat. Ist das Lebensmodell des sogenannten Weltpriesters, der allein und unverheiratet in einem Pfarrhof lebt, noch zeitgemäß?

Mit dem Leben im Zölibat folgt der Priester der Lebensform Jesu Christi. Der Zölibat Christi, der auch von Paulus gelebt wurde, ist der Hauptgrund, warum sich in der Kirche schon sehr früh eine Strömung gebildet hat, die den Zölibat nicht nur als guten Rat, sondern als Gebot für Geweihte festgelegt hat. Es wird heute meistens verdrängt, dass der Zölibat schon im 4. Jahrhundert da und dort als Pflicht vorgeschrieben war. Er war Thema am Konzil von Nizäa, und die Synode von Elvira hat ihn verordnet, freilich ohne dass sich das allgemein durchgesetzt hätte. Er wurde also nicht erst, wie immer wieder behauptet wird, im Mittelalter vorgeschrieben.

■ Der Zölibat wird aber heute vielfach als Beispiel für ein typisches Modernitätsdefizit der Kirche genommen.

Natürlich wissen wir, dass sich die meisten Kritiker nur am obligaten Zölibat der Priester in der römisch-katholischen Kirche stoßen und Verständnis für einen aufgrund von Wahlfreiheit gewählten Zölibat hätten. Der verpflichtende Zölibat war und ist aber jedenfalls eine große geistliche Kraft für die Kirche, wenngleich es immer wieder auch Verfehlungen dagegen gegeben hat und geben wird. Auch der Lebensstand verheirateter

Geistlicher in den mit Rom unierten und in nichtkatholischen Kirchen bringt Probleme mit sich, was aber in der öffentlichen Wahrnehmung wenig bemerkt wird. Zusammenfassend gesagt: Ich will da nichts schönreden, halte aber daran fest, dass ich diesbezüglich auf den Heiligen Geist vertraue, wie er sich unserer Weltkirche im Ganzen gibt und geben wird. Ein fakultativer Zölibat in der römisch-katholischen Kirche würde jedenfalls das Problem des Priestermangels nicht einfach beseitigen, aber andere Probleme mit sich bringen.

Das hindert die Menschen aber nicht daran, die Probleme heute in Österreich so zu sehen.

Der Zölibat ist ein Kontrastprogramm, aber nicht ein Ghetto-Kontrastprogramm, sondern ein prophetisches Zeichen, das dazu beitragen soll, die Welt aus einer Verschließung in sich selber zu öffnen und auf Transzendenz hin offenzuhalten. Bei unseren Pfarrerwochen versammeln sich sehr viele unserer Priester in Seggau. Dort habe ich wiederholt gesagt, dass wir bei Zölibatsproblemen nicht wegschauen dürfen. Der Agnostiker Václav Havel hat einem seiner Bücher den bescheiden nüchternen Titel „Versuch, in der Wahrheit zu leben" gegeben. Weniger als diesen ständig erneuerten Versuch dürfen wir uns nicht gestatten. Der Zölibat ist zumal unter den heutigen Gesamtbedingungen priesterlicher Existenz aber wohl nur dann lebbar, wenn wir uns als Priester und Bischöfe tief in die drei evangelischen Räte einwurzeln und reichlich beten, fasten und teilen. Diese drei Vollzüge priesterlicher Existenz sind kommunizierende Gefäße. Wenn eines von ihnen an Inhalt verliert, dann mindert sich auch der Inhalt der beiden anderen. Priester, die möglichst viel von ihren privaten Mitteln verschenken, auch bis es ihnen manchmal wehtut, haben durch ein solches Loslassen in Freiheit generell auch mehr Kraft dazu, ihr zölibatäres Leben glaubhaft zu gestalten.

◼ *Bei einer dieser Pfarrerwochen haben Sie dazu aber auch etwas gesagt, das in der öffentlichen Wahrnehmung missverstanden worden ist. Sie haben gesagt: „Wer als Priester in eine Berufs- und Berufungskrise geraten ist oder wer schon lange in einem falschen Kompromiss steht, der sollte unter dem Thema ‚Armut' eine fast wehtuende großzügige Spende, etwa für Hungernde, geben und würde dann leichter atmen. Und es könnten dann viele Arme eine Zeit lang materiell ein wenig besser leben, weil ein Priester es schwer hat, einem Versprechen treu zu sein, das er vor Jahren ernsthaft gegeben hat und an dem er dennoch festhalten will." Das wurde in einigen Medien so interpretiert, als könnte sich ein Priester aus einer zölibatswidrigen Situation sozusagen freikaufen.*

Das war ein horribles Missverständnis. Selbstverständlich war das nicht so gemeint und wurde wohl von keinem Zuhörer so interpretiert. Der Text wurde erst auf dem Weg über das Internet falsch verstanden. Es ging mir darum, auf einen möglichen ersten Schritt zur Auflösung einer verknoteten Situation hinzuweisen, die dem Zölibatsversprechen widerspricht. Dem müssen weitere Schritte folgen, weil ein Zustand der Illegitimität damit selbstverständlich nicht legalisiert sein kann.

◼ *Gibt es so etwas wie einen priesterlichen Lebensstil? Gibt es Hobbys, die einem Priester nicht angemessen oder vielleicht gar nicht erlaubt sind?*

Papst Franziskus weist oft darauf hin, dass Priester und Ordensleute nicht in materieller Sattheit leben sollen. Das heißt nicht, dass sie im Winter barfuß gehen müssen. Es geht um die Nachfolge Christi, der um unseretwillen arm geworden ist. Die

Worte des Papstes sind eine positive Provokation, mit der wir nicht zu rasch fertig werden dürfen. Er meint nicht nur materielle Armut, sondern Armut als Gestalt der Liebe zu Gott und zu Menschen, die arm sind an Leib oder Seele. Diese Armut, die der Papst den Christen zumutet, schafft die Bereitschaft, sich immer wieder in Freiheit etwas zurückzunehmen, damit Gott und Menschen bei ihnen mehr Platz haben. Diese Armut schließt Selbstliebe nicht aus, relativiert aber diese Selbstliebe. Ein Priester, der das begreift und immer wieder zu leben versucht, ist nicht nur eine Zisterne, die speichert und birgt, damit man aus ihr schöpfen kann, sondern eine Quelle. Die Einladung zu mehr Armut setzt nicht zuerst bei der Größe eines Autos oder bei den Kosten eines Urlaubs an, sie setzt tiefere Anker in die Herzen, in den Seelengrund. All das gilt selbstverständlich nicht nur für Priester.

Gehorsam ist eine wichtige Pflicht, die ein Priester auf sich nimmt. Sie ist einer der sogenannten evangelischen Räte neben Armut und Keuschheit, wie Sie gesagt haben. Was soll man unter Gehorsam in der Kirche verstehen?

Gehorsam ist zunächst einmal Hinhören auf das, was Gott mir sagen will. Dazu gehört dann auch eine Gewissensbildung. Gehorsam als evangelischer Rat schließt auch die Verbindlichkeit ein, zu dem zu stehen, was man Gott und der Kirche gegenüber versprochen hat. Kindern sagt man zu Recht: „Was man versprochen hat, das muss man halten." In einer Zeit, in der Verbindlichkeiten generell infrage stehen, macht diese Entwicklung auch vor der Kirche nicht halt. Wer ein Versprechen gegeben hat und nicht einhalten kann, den soll man nach Kräften helfend begleiten. Aber er kann aus seinem nicht eingehaltenen Versprechen auch nicht ohne jeden Selbstbehalt aussteigen. Einen Teil der Folgen muss er wohl selber tragen. Das gilt für die Ehe wie für den Zölibat. Flächendeckende Problemlösungen gibt es weder in der Zivilgesellschaft noch in der Kirche.

Sie gelten als ein führungsstarker Bischof. Was ist überhaupt Führung in der Kirche? Einem Pfarrer kann man ja wenig anschaffen, und absetzen kann man ihn auch nur schwer. Sie mussten in manchen Fällen auch öffentliche Maßregelungen aussprechen.

Dazu zitiere ich aus meinem Vortrag bei der Pfarrerwoche 2013. Ich habe an das Rechtsprinzip „Pacta sunt servanda" – „Vereinbarungen müssen eingehalten werden" – erinnert und gesagt: Es geht dabei um das Prinzip Verbindlichkeit und Verlässlichkeit, wovon jede große und kleine Gemeinschaft in hohem Maß lebt. Davon lebt besonders auch die Kirche. Gerade von uns Priestern darf viel an solcher Verbindlichkeit erwartet werden. Nicht wenige Priester jeder Generation waren Helden und Heilige. Auch heute gibt es weltweit einige solcher Priester. Von uns hierzulande wird viel weniger verlangt. Aber die Einhaltung zivilgesellschaftlicher Standards betreffend unseren Lebensstil, betreffend unser Geld und Gut, betreffend unser Verhältnis zwischen Freizeit und Dienstzeit und betreffend unsere Bereitschaft, sich weiterzubilden und mit unserer Gemeinschaft Kirche über alles individuelle Temperament hinaus solidarisch zu sein, erwarten von uns nicht nur die meisten Katholiken, sondern auch viele ethisch sensible nichtchristliche Angehörige der Zivilgesellschaft.

Wie soll die Kirche auf den Priestermangel reagieren?

Es ist eine ständige Herausforderung, sich daran zu erinnern, dass Priester und Laienchristen gemeinsam die Kirche und ihre Gemeinden tragen. Diesbezüglich gibt es seit dem Konzil schon viele Verbesserungen. Das engmaschige Netz der Pfarrgemeinden wird weitmaschiger werden, aber weiterhin durch Pfarren als Netzknoten getragen werden. Andere Netzknoten werden noch stärker Klöster, Wallfahrtszentren, Bildungshäuser, ältere und neue apostolische Gruppen sein. Dazu brauchen wir aber die Bereitschaft zu Veränderung. Wer nur auf wohlerworbenen Besitzständen beharrt, trägt nicht zu einem zukunftsfähigen Wandel bei. Harmonie ist diesbezüglich noch auf Jahre hinaus nicht zu erwarten, aber die Auseinandersetzungen der vergangenen Jahre und die damit verbundenen Verletzungen waren, wie ich sehr hoffe, nicht vergeblich, sondern in manchem sogar fruchtbar. Besonders Papst Franziskus hat da schon zu einigen Entkrampfungen beigetragen. Forderungen nach Veränderungen werden aber in vielen Fällen nicht zu Ende gedacht. Ihre undifferenzierte Erfüllung würde viel Schaden anrichten.

Die einfache Antwort auf den Priestermangel wäre, einfach mehr bezahlte Laien anzustellen.

Wir werden auch in Zukunft nicht wenige hauptamtlich in der Pastoral tätige Laienchristen brauchen. Diese müssten aber dazu beitragen, noch mehr Ehrenamtlichkeit evozieren zu helfen. Die finanziellen Mittel der Kirche werden ja nicht für noch mehr amtliche Dienste ausreichen, im Gegenteil.

■ *Der Lebensweg für einen Priester steht im Wesentlichen fest. Gibt es auch Karriere- und Aufstiegsmöglichkeiten für Laienmitarbeiter in der Kirche? Sie haben ja eine Abteilung für Personalentwicklung.*

Die Seelsorge wird nicht nur von Priestern getragen. Schon jetzt tragen gemeinsam mit den Priestern allein in der Steiermark rund 70 Ständige Diakone, 140 Pastoralassistentinnen und Pastoralassistenten und dazu mehr als 1000 im Religionsunterricht und 150 in Pfarrsekretariaten und anderen Aufgaben tätige Laienchristen das dichte Netz der kirchlichen Dienste mit. Hinzu kommen einige Tausend ehrenamtlich Tätige. Für ihre umfassende Aus- und Weiterbildung und eine damit verbundene Gestaltung ihres Berufsweges sind noch viele weitere Überlegungen nötig.

■ *Viel Kritik an der katholischen Kirche entzündet sich an der Frage nach dem Stellenwert der Frau. Für manche ist das überhaupt der harte Kern der Kirchenkritik. Hier werde – so sagt man – besonders deutlich, wie sehr die Kirche hinter dem modernen Bewusstsein zurückbleibt.*

Vor dem Wirken steht allemal das Sein der Frauen und der Männer. Darüber sagt das erste Buch der Bibel unüberholbar Gültiges, das Mann und Frau in gleicher Würde verbindet mit den Worten: „So schuf Gott den Menschen als sein Abbild. Nach Gottes Bild erschuf er ihn, als Mann und Frau erschuf er sie." (Gen 1,27) Die Frage nach der „Rolle" der Frau ist nicht nur der Kirche aufgegeben, sondern der ganzen Gesellschaft. Hier sollte man besonders darauf hören, was Frauen selbst dazu sagen. Da gibt es unterschiedliche und auch gegensätzliche Meinungen. Manche dieser Meinungen werden aber durch eine intolerante political correctness marginalisiert.

Spöttisch und in einem sehr vereinfachenden Blick auf die Vergangenheit wird oft gesagt, die Frauen seien auf die drei ominösen „K" reduziert gewesen, nämlich auf Küche, Kinder und Kirche. Ist die Kirche darüber schon hinaus?

Diese drei Themen und die damit verbundenen Aufgaben sind heute stärker als früher Männern und Frauen gemeinsam zugeordnet, und das ist gut so. Die Frage, was für Kinder am besten ist und wie die Gesellschaft mit dem „Prinzip Familie" so umgehen soll, dass sie nicht ihre eigene Zukunft im Ganzen schwer gefährdet – diese Frage bleibt aber auf dem Tisch für Kirche und Gesellschaft. Hier gilt ein Wort von Kardinal Franz König, der gesagt hat: „Was nicht stimmt, das rächt sich." Und es stimmt vieles nicht.

Was stimmt nicht?

Das Modell Familie ist entscheidend für die Zukunft der Gesellschaft. Dazu gehört wesentlich auch die Frage, ob diese Gesellschaft sich nur durch Zuwanderung reproduzieren will und kann. Wir haben in Österreich und in vergleichbaren Ländern einfach besorgniserregend wenige Kinder; das müsste allen politischen Lagern gleichermaßen zu denken geben. Die Frage nach den Kindern ist am stärksten mit der Frage verbunden, wie Frauen zu Kindern Ja sagen können. Ohne und gegen die Frauen geht da gar nichts. Wie können aber Frauen Beruf und Familie miteinander in Einklang bringen? Frauen haben in unserer Gesellschaft in rasch wachsender Zahl leitende Verantwortung übernommen und werden dies auch in Zukunft tun. Sie erfüllen diese Aufgaben generell ebenso kompetent und dynamisch wie Männer und haben Anspruch auf Respekt und Dank dafür auch in der Kirche. Es ist sehr zu

begrüßen, dass eine profunde Ausbildung und eine damit verbundene Freiheit und Verantwortung zur Lebensgestaltung
heute für viel mehr Frauen als früher möglich ist. Es müsste
für Frauen eine echte Wahlfreiheit geben. Das bedarf jedoch
verbesserter gesellschaftlicher Rahmenbedingungen, damit
das schlagende Argument nicht rein finanzieller Natur ist.
Auch abschätzig sogenannte Haufrauen leisten Unverzichtbares für die gesamte Gesellschaft, und die Entscheidung, zu
Hause zu bleiben, dürfte nicht schlicht als gestrig abqualifiziert werden. Diese Fragen des Zueinander von Beruf und
Familie sind immer im Blick auf das Wohl der Kinder zu entscheiden, wobei ich mit großem Respekt sehe, dass Mütter
und Väter vielfach die Aufgaben in der Familie mit großer
Verantwortung und oft verbunden mit großen Belastungen
gemeinsam wahrnehmen.

*Sie haben als Bischof im In- und Ausland mehrmals Grundsätz-
liches über die gebotene Anerkennung von Würde und spezifischen
Gaben der Frauen durch Kirche und Gesellschaft gesagt.*

Bei der von Papst Johannes Paul II. einberufenen Europa-
Bischofssynode im Vatikan im Jahr 1999 habe ich gesagt: „Kirche
und Gesellschaft in Europa können ohne einen tiefen und breiten Konsens mit den Frauen nicht gedeihen. Ohne die Frauen
kann die demographische, kulturelle und spirituelle Krise nicht
überwunden werden. Es bedarf dazu aber in Kirche und Gesellschaft einer tiefen Einfühlung in Wesen und Wirken der Frauen
und in die Schwierigkeiten, die vielen von ihnen auferlegt sind."
Ähnliches habe ich auch schon im Jahr 1990 beim Katholikentag der 15 Diözesen des Triveneto in Aquileia-Grado gesagt; ich
war dort ebenso wie Kardinal Carlo Martini Gastreferent.

*▥ Gibt es in der Kirche über die traditionellen Hilfsdienste hinaus
attraktive Arbeitsbereiche für Frauen, die auch eine höhere Verantwortung mit sich bringen?*

Es ist verstehbar, dass die Kirche an den Kriterien der Gesellschaft gemessen wird, wo Frauen in rasch wachsender Zahl
leitende Verantwortung übernehmen. Vieles in der Kirche
wäre ohne den Beitrag unzähliger engagierter Frauen gar nicht
möglich. Dazu gehört ihr großer Anteil bei der Vermittlung von
Glaubenswissen: Neben der ersten Glaubensvermittlung in den
Familien wird auch der Religionsunterricht großteils von Frauen
erteilt, wie sie zudem den Erstkommunion- und Firmunterricht
weitgehend tragen. Ihre Mitarbeit im Pfarrgemeinderat, in der
Vorbereitung von Festen im Kirchenjahr, in sozialen Diensten
und im Laienapostolat im Ganzen ist unverzichtbar. Sie haben
auch zahlreiche Leitungsämter in Bischöflichen Ordinariaten
und in vielen anderen Einrichtungen der Kirche inne. Besonders hervorzuheben ist das Wirken der weiblichen Orden in ihren Schulen, Krankenhäusern und auch in der Verborgenheit
kontemplativer Klöster, wo stellvertretend für die ganze Kirche,
ja für die ganze Menschheit gebetet wird.

*▥ Alles gut und schön, würde nun die Kritik antworten, aber von der
Weihe sind sie ausgeschlossen. In den Kirchen der Reformation können
sie sogar Bischöfinnen werden.*

Ich verstehe, dass viele Menschen nicht begreifen, warum das
nicht möglich sein soll. Wenn ein Bischof im deutschen Sprachraum nicht für die Priesterweihe von Frauen eintritt, begegnet
er oft mindestens emotionalem Widerstand auch in der eigenen
Kirche. Ich halte mich aber klar an die Vorgaben des kirchlichen
Lehramtes. Die Päpste haben mit der ihnen aufgegebenen lehr-

amtlichen Autorität und keineswegs in Geringschätzung von Frauen erklärt, dass eine Weihe nicht möglich ist. Das kann man nicht einfach als irrational abqualifizieren. Eine an den Anfang zurückreichende ununterbrochene Tradition der katholischen Kirche und aller Kirchen des Ostens ist der Überzeugung, dass die Kirche von Jesus Christus her keine Vollmacht hat, das zu tun. Der Priester als Mann wird in dieser Tradition als jemand gesehen, der *in persona Christi* – wie Thomas von Aquin es ausdrückt – die Eucharistie leitet. Er repräsentiert dabei den menschgewordenen Gottessohn Christus und ist als solcher nicht ersetzbar. Das Christentum ist keine Naturreligion, sondern eine Religion der Heilsgeschichte. Es glaubt also an einmalig Geschehenes. Dort und damals, *hic et tunc*, nämlich in Palästina und zur Zeit des Kaisers Augustus, ist Christus geboren worden. Dort ist der Welt ihr größtes Licht aufgegangen und nicht in Griechenland oder anderswo. Daran stoßen sich immer wieder Zeitgeist und Weltgeist.

■ *Genau hier setzt eine feministische und andere Kritik an. Sie betrachtet den Ausschluss von diesen Ämtern als Diskriminierung.*

Ich verstehe die damit verbundenen Emotionen, aber auch hier gilt, dass nicht jede Unterscheidung eine Diskriminierung ist. Mehr Verantwortung für Frauen darf aber nicht eine Konsequenz kirchenpolitischer Taktik sein. Es geht hier im Gegenteil um das Charisma der Frauen und ihres Dienstes beim Tragen und Beseelen der Kirche.

■ *Erwarten Sie vom neuen Papst in dieser Frage Neues?*

Papst Franziskus hat bei einer Pressekonferenz nach dem Weltjugendtag in Rio gesagt, dass die Tür zu einer Priesterweihe von

Frauen in „definitiver Form" geschlossen ist. Er hat aber zugleich eine stärkere Beteiligung von Frauen an Verantwortung in der katholischen Kirche verlangt: „Frauen dürfen nicht auf ihre Rolle als Mutter reduziert werden. Es geht auch nicht nur darum, dass Frauen Caritas-Direktorinnen oder Katechetinnen werden. Man muss weitergehen und eine ‚profunde Theologie der Frau' entwickeln."

Neben der Rolle der Frauen in der Kirche ist jene der Jugend Gegenstand kirchlicher Diskussionen. Es gibt das sarkastische Wort eines Politikers: „Nicht wer die Jugend hat, hat die Zukunft, sondern wer die Zukunft hat, hat die Jugend." Das könnte die Kirche gelassen machen, sieht sie doch in ihrem Glauben die Zukunft.

Leopold von Ranke hat gesagt „Jede Epoche ist unmittelbar zu Gott." Dies abwandelnd kann man auch sagen: Jedes Lebensalter ist unmittelbar zu Gott. Das Heil ist einem Kind nicht prinzipiell näher als einem alten Menschen. Darum darf die Kirche keinen Kult mit den jungen Menschen betreiben und sich ihnen nicht anbiedern, so wie manche es tun. Als Kirche wissen wir aber, dass Gott, der Vater, uns in seinem Sohn Jesus Christus ein jugendliches Antlitz gezeigt hat. Wenn auch jeder Mensch in gewissem Sinn ein Abbild Gottes ist, so ist doch der junge Mensch für uns in besonderer Weise eine Ikone Jesu Christi. Er ist eine Verheißung für die ganze Menschheit und besonders auch für die Kirche.

Könnte der Mensch Papst Franziskus, seine Lebensweise und das, was er sagt, für Jugendliche ein ansteckendes Beispiel sein?

Junge Menschen treffen wichtige Entscheidungen. Sie wählen einen Beruf, einen Lebensstand. Sie treffen Entscheidungen auch in der religiösen Dimension ihres Lebens. Mehr oder weniger bewusst entscheiden sie sich für oder gegen die Nachfolge Christi oder für eines der Existenzmodelle, die in Europa dem Christentum entgegenstehen und besonders einflussreich sind. Vielen erscheint die Kirche als zu groß, zu kühl, zu sehr mit sich selbst beschäftigt. Sie suchen – wie viele andere – lieber eine kleine, wohltemperierte religiöse Nische und richten sich dort ein. Das ist eine der großen Herausforderungen für die Kirche, die heute noch dringlicher geworden ist. Papst Franziskus hat dazu etwa beim Weltjugendtag in Rio de Janeiro einiges in faszinierender Einfachheit gesagt.

Kirche
in einer pluralen
Gesellschaft

Seht da, der Mensch!

*Die „Welt der Wissenschaft" und die „Welt der Kirche" scheinen
sehr weit voneinander entfernt zu sein. Hat die Kirche der Wissenschaft überhaupt etwas zu sagen? Als Hochschulseelsorger waren Sie
seinerzeit ja nicht nur für die Studierenden, sondern auch für deren
Professoren „zuständig".*

Seelsorge auch für künftige Wissenschaftler zielt immer auf
das Ganze einer Person in ihrem Fühlen, Denken und Wollen. Dieses Ganze kann man vielleicht im Sinn der Bibel als
Herz bezeichnen, als die Mitte und Tiefe einer Person. Es
geht in der Studentenseelsorge auch darum, Studierende
und künftige Akademiker darüber auskunftsfähig zu machen, wie sich der christliche Glaube gegenüber kritischen
Einreden verschiedenster Wissenschaften verhalten und behaupten kann. Dies freilich so, dass der Glaubenszeuge auch
ein im Ganzen sympathischer, weil mitfühlender Mitmensch
sein soll. Im Ersten Petrusbrief des Neues Testaments sagt
der Verfasser den Christen von damals und auch uns: „Seid
stets bereit, jedem Rede und Antwort zu stehen, der nach der
Hoffnung fragt, die euch erfüllt." Der Apostel fügt dem eine
Mahnung zur Bescheidenheit hinzu. Diese Bescheidenheit
soll aber ein gut begründetes Selbstbewusstsein nicht verhindern. Wir sollen und dürfen uns als Christen nicht verstecken, müssen aber unseren Anspruch auf Öffentlichkeit

durch die Qualität unseres Lebens und unserer Argumente begründen.

▨ Kann man – lapidar und provokant gefragt – als Wissenschaftler katholisch sein?

Beim Versuch, darauf zu antworten, ist vielleicht eine Episode aufschlussreich, die über den später einflussreichen katholischen Philosophen Maurice Blondel erzählt wird. Der 1861 in der französischen Provinz, nämlich in Dijon, geborene Student erstaunte bei einem Disput im Rahmen eines philosophischen Seminars an der Sorbonne in Paris den agnostischen und kirchenfeindlichen Professor durch eine intelligente Wortmeldung. Der Professor fragte erstaunt, wie ein junger Mann, der intelligent zu sein scheine, heutzutage noch katholisch sein könne. Der junge Blondel antwortete selbstbewusst, er lege Wert darauf, nicht nur als intelligent zu erscheinen, sondern es auch zu sein. Diese Kränkung verstärkte seinen Entschluss, den katholischen Glauben im akademischen Milieu nicht zu verstecken. Auch heute gibt es weltweit gewiss viele anerkannte Wissenschaftler, die überzeugte Katholiken sind.

▨ Nicht viele Wissenschaftler glauben, dass ihnen die Kirche für ihre wissenschaftliche Arbeit etwas zu sagen hat. Sie werden im Gegenteil darauf pochen, dass sie nur den strengen Methoden ihres Faches und ihrem Gewissen verpflichtet sind.

Beide Verpflichtungen schließen ein überzeugtes Christsein nicht aus, auch wenn es in einer konkreten Biographie diesbezügliche Spannungen geben kann. Bei seiner Begegnung mit Vertretern von Wissenschaft, Kunst und Medien in Wien hat Papst Johannes Paul II. 1983 Wegweisendes über das Verhältnis von Wissenschaft und Religion und über die humanistische Verantwortung der Wissenschaftler gesagt. Man sollte den Gesamttext dieser Wiener Rede manchmal wieder lesen.

▨ Lässt sich daraus dennoch ein Kern formulieren?

Die Rede kann zusammengefasst werden in einem Appell, der ebenso an Wissenschaft wie an Kunst und Medien gerichtet war. Wörtlich sagte der Papst: „Übersehen und überhören Sie ihn nie: den hoffenden, liebenden, angsterfüllten, leidenden und blutenden Menschen. Seien Sie sein Anwalt, hüten Sie seine Welt: diese schöne, gefährdete Erde. Sie treffen sich dabei mit den Anliegen der Kirche, die unverwandt auf jenen schaut, über den Pilatus sagte: ‚Ecce homo!' – ‚Seht da, der Mensch!'" Das Auditorium war durch diese Botschaft generell stark bewegt.

▨ Die Österreichische Bischofskonferenz hat die Stiftung „Pro scientia" eingerichtet, deren Ziel die Förderung von jungen Wissenschaftlern ist. Kann diese Stiftung etwas leisten für eine Verständigung von Wissenschaft und Kirche?

Mehr als 200 Stipendiaten aus verschiedenen Fächern wurden seit der Gründung dieser Stiftung habilitiert. Das ist ein nicht unwichtiger Teil einer Antwort auf Ihre Frage.

Dienst der Vermittlung

In der Bischofskonferenz sind Sie mit den Ressorts Europa, Kultur und Medien betraut. In der Öffentlichkeit gelten Sie als der „Medienbischof". Wozu braucht man überhaupt einen Medienbischof? Muss nicht jeder hochrangige Verantwortungsträger einer großen Institution heute mit Medien professionell umgehen (lernen)?

Dieses Ideal ist unbestreitbar. Die Wirklichkeit bleibt freilich dahinter zurück. Ein sogenannter Medienbischof hat natürlich kein Monopol für einen qualifizierten Umgang mit Medien. Kardinal Schönborn tut diesbezüglich immer am meisten. Wichtig waren mir stets Kontakte und Gespräche mit möglichst vielen Medienschaffenden unabhängig davon, ob es dafür gerade einen konkreten Anlass gab. Da hat sich im Lauf der Zeit auch viel gegenseitiges Vertrauen entwickelt.

Die Kirche kommt sich oft durch die Medien ungerecht behandelt vor, wie etwa bei manchen Aspekten der Berichterstattung über die Missbrauchsfälle oder bei der Kritik an Benedikt XVI.

Kritik, auch wehtuende Kritik von Medien, sollten wir, wenn sie fair und kompetent ist und auf solider Recherche beruht, nicht nur ertragen, sondern auch als Hilfe zu Läuterung und Entwicklung annehmen. Einer grob entstellenden Kritik und sogar Verächtlichmachung des Christentums müssen wir aber mit demokratischen Regeln entschieden entgegentreten. Ich habe die Medien nie verteufelt, und das wissen viele Medien-schaffende. Ich habe aber versucht, sie zur Differenzierung ein-zuladen. Wenn jedoch das Interesse an der Quote sehr stark ist, dann kommt auch ein Journalist in Versuchung, die Quote auf Kosten der Kirche zu bedienen.

▨ *Für die Kirchen bestehe kein Grund zu Verbitterung und Miss-mut, hat einmal der Chefredakteur der Kleinen Zeitung, Hubert Patterer, bei einem Ihrer „Medienempfänge" bemerkt. Der Papst (es war Benedikt XVI.) werde überall wie ein Weltstar empfangen und religiöse Themen hätten in den Medien große Bedeutung gewonnen, „auch in der sogenannten linken, liberalen Publizistik".*

Alle großen Themen, die heute die Menschheit bewegen und daher in den Medien besonders präsent sind, bewegen auch die katholische Kirche sowohl weltweit als auch in ihren Ortskir-chen und so auch in der Steiermark. Wenn Kirche und religiöse Themen in den Medien derzeit etwas stärker vorkommen, dann zeigt das, dass die Medien begriffen haben, sie würden sich selbst und ihren Lesern schaden, wenn sie eine so bedeutende Lebenswirklichkeit wie Religion und Glauben ausklammern.

▨ *Sie haben mehrmals Gruppen mit Vertretern der wichtigsten Medien Österreichs nach Rom begleitet, um ihnen ein größeres Bild der weltweiten Kirche zu zeigen. Hat das etwas für die Kirche bewirkt?*

Im Vatikan konnte ich Türen für unkomplizierte Gespräche öff-nen, die Journalisten sonst eher verschlossen bleiben. Solche Gespräche mit Kardinälen, aber auch mit den Pressesprechern zweier Päpste und anderen im Vatikan mit Medien besonders befassten Verantwortlichen haben bei den Gästen aus Öster-reich wenn schon nicht eine gänzliche Blickumkehr, so hof-fentlich doch eine Erweiterung der Perspektive gebracht. Vor dem Horizont der Weltkirche, die in Rom allpräsent ist, relativieren sich manche Probleme, die in Österreich besonders akut erscheinen.

Wie auch andere Bischöfe geben Sie jedes Jahr einen „Medienempfang" in Ihrer Diözese. Sie haben dabei einmal gemeint, dass die Medien der Gesellschaft und auch den Kirchen „einen Spiegel vorhalten, der zu besserer Selbsterkenntnis helfen kann".

Manchmal behindert allerdings der Schliff dieses Spiegels eine adäquate Darstellung. Das ändert aber nichts an der generellen Bedeutung der Medien für die Kirche. Für viele kompetente Berichte über das kirchliche Leben sind wir dankbar und wünschen uns auch für die Zukunft eine kritische und zugleich wohlwollende Aufmerksamkeit. Wir versuchen als Kirche nach Kräften, Gutes zu tun, und davon müssen wir auch öffentlich reden: nicht prahlerisch, sondern um Allianzen für das Gute zu ermöglichen – auch Allianzen mit den Medien.

Die meisten Journalisten werden nicht glauben, dass ihnen die Kirche für ihren Beruf und ihre ethischen Haltungen etwas Wegweisendes sagen kann.

Ein solcher Glaube steht jedem frei, aber bei seinem ersten Besuch in Österreich im Jahr 1983 hat Papst Johannes Paul II. den Medienschaffenden in der Wiener Hofburg einige Ratschläge und Mahnungen mitgegeben, die so eindrucksvoll waren, dass der damalige Generalintendant des ORF, Gerd Bacher, diesen Text den Verantwortlichen im ORF-Zentrum als Anregung zum Denken und Handeln nachdrücklich empfohlen hat. Der Papst sagte den Vertretern der Medien: „Ihr Dienst ist Vermittlung, seine Instrumente heißen darum Medien. ... Im Namen

Unzähliger, welche diesen Dienst von Ihnen erwarten und benötigen, bitte ich Sie: Bauen Sie beharrlich Brücken zwischen getrenntesten Ufern und über Grenzen hinweg. Ihr Land bietet dafür besondere Möglichkeiten. Betrachten Sie den Menschen und die Gesellschaft nicht nur mit einem unerbittlich diagnostizierenden Blick, sondern mit einem Blick der Hoffnung, mit dem Spürsinn für mögliche Veränderungen zum Besseren. Ermöglichen Sie es dem Guten, als wenigstens ebenso spannend erlebt zu werden wie das Unerfreuliche. Und zeigen Sie auch im Bedauerlichen das damit verbundene Gute." Viele, die das gehört haben, waren davon sehr bewegt, manche hoffentlich auch nachhaltig.

Kirche und Kunst

Sie gelten als besonderer Freund von Kunst und Künstlern. Vor allem haben Sie zu bildender Kunst und Literatur in vielen Publikationen und öffentlichen Gesprächen Stellung genommen. Ist das nur eine persönliche Vorliebe von Ihnen oder sehen Sie darin auch eine pastorale Aufgabe?

Es ist beides. Kunst und Religion sind von jeher eminent miteinander verbunden. Max Reinhardt hat die Kunst ein Lebensmittel genannt. Sie ist für viele Menschen so etwas wie das andere Brot. Für die Christen ist sie auch ein Glaubensmittel – ohne deshalb irgendjemandes Magd zu sein – und eine Hilfe, um dem Glauben eine Sprache zu geben durch Wort, Bild und Klang. Daraus ist ein immenses kulturelles und besonders auch spirituelles Erbe erwachsen, das heute nicht nur von Christen, sondern auch von Menschen aus anderen Religionen oder ohne religiöses Bekenntnis als ein großes Geschenk empfunden wird. Und damit befasse auch ich mich seit Jahrzehnten.

Betrifft das aber nicht doch nur die Kunst einer schon wenigstens 100 Jahre zurückliegenden Vergangenheit? Zur zeitgenössischen Kunst hat die Kirche weniger Bezug oder besser umgekehrt: Diese hat sich von der Kirche entfernt.

In den Ländern westlicher Prägung hat es tatsächlich eine starke Dissoziation zwischen Kirche und zeitgenössischer Kunst gegeben, vor allem bildender Kunst. Das geschah im Rahmen einer generellen Veränderung der Position des christlichen Glaubens und der Religion überhaupt in einer sich tief greifend wandelnden Gesellschaft. Die Kommunikation zwischen Kirche und großer Kunst der jeweiligen Gegenwart ist zunehmend schwächer und oft ganz schwach geworden. Sie hat aber nie ganz aufgehört.

Können Sie dazu Beispiele nennen?

Beispiele sind vor allem im Bereich der Architektur gelungen, und zwar dort, wo es kompetente Vermittler gegeben hat, die Kunst und Künstler nicht für die Kirche vereinnahmen wollten und ebenso sensibel wie intelligent sowohl in der Kirche als auch in der Kunst daheim waren. Ein solcher Vermittler war der Künstler und Dominikaner Marie-Alain Couturier in Frankreich. Heute ist Kardinal Gianfranco Ravasi, der Präsident des Päpstlichen Kulturrates, dabei, neue Brücken zu bauen. Ihm ist zu verdanken, dass der Vatikan auf der Biennale in Venedig präsent ist. Hinweisen möchte ich auch auf den englischen Architekten John Pawson, der für die Trappisten der neuen Abtei Nový Dvůr in Tschechien und des Klosters Sept-Fons in Frankreich – einer früheren Zisterzienserabtei – auf international beachtete Weise Kirche und Kloster umgestaltet bzw. neu gebaut hat. Auch die Kirche der benediktinischen Erzabtei Pannonhalma in Ungarn hat er sehr einfühlsam umgestaltet.

An einen Vermittler zwischen Kunst und Kirche denkt man in Österreich gerade jetzt wieder öfter, weil an seinen Tod vor 40 Jahren erinnert wird. Es ist der profilierte und streitbare Wiener Priester Otto Mauer.

Otto Mauer, mit dem ich schließlich sehr befreundet war, hat in Österreich auch für die Beziehung zwischen Kirche und Kunst pionierhaft gewirkt. Sein Erbe ist kein toter Schatz.

In der Beziehung zwischen Kirche und Kunst geht es vielleicht noch mehr um das Wort als um das Bild. Sie haben einmal auf ein Gedicht von Ernst Jandl verwiesen, in dem der drohende Sprachverfall thematisiert wird. Es war ein Text mit dem Titel „Fortschreitende Räude". Betrifft dieser Verfall nicht auch die Kirche und ihre Sprache? Auf den Kanzeln herrscht oft eine beklemmende Spracharmut.

Jandl ging in diesem Gedicht vom ersten Vers des Johannesevangeliums aus: „Im Anfang war das Wort." Der Prolog dieses Evangeliums ist einer der großartigsten Texte der Weltliteratur. Jandl zersetzt diesen Satz durch Auslassung oder Vertauschung von Buchstaben, bis er immer unkenntlicher wird und schließlich in ein lallendes Gestammel übergeht. Diesen Prozess der Zerstörung nennt er fortschreitende Räude. Es gibt eine räudige, weil banale Sprache heute mancherorts auch in Religionen und an den Predigtpulten auch in der Kirche.

Wie könnte die Kirche wieder zu einer starken und zugleich verständlichen Sprache finden?

Die Sorge um das Wort und der Umgang mit ihm ist eines der Hauptthemen der Christenheit. Es geht dabei ebenso um das Gotteswort wie um das Wort der Menschen in ihrem Zueinander oder Gegeneinander. Ohne eine ständige Kommunikation mit den großen und kleinen Worten der Menschen wird die Sprache der Kirche steril. Ein läuterndes Mittel wäre etwa die Sprache großer Lyrik. Sie ist so etwas wie eine Nagelprobe für die Qualität von Literatur. Für mich gilt das besonders für Lyrik im weiten Bogen von Friedrich Hölderlin über Joseph von Eichendorff, Rainer Maria Rilke, Ingeborg Bachmann, Marie Luise Kaschnitz und Nelly Sachs bis zu Paul Celan und Reiner Kunze. Nur wenige dieser Dichter waren ausdrücklich Christen, aber alle sprechen über die großen Themen des Menschseins: über Leben und Tod, Glück und tragische Vergeblichkeit, Frieden und Krieg, Schönheit und Schrecken.

▨ Über Gott sprechen sie nicht ausdrücklich oder jedenfalls sehr verhalten.

Dieses Schweigen ist nicht immer eine Konsequenz von fehlendem Interesse. Und es kann uns Christen an die große Tradition der sogenannten negativen Theologie erinnern. Thomas von Aquin, der doch in seinem kurzen Leben so viel gesagt und geschrieben hat, bekennt schließlich, dass Gott auch durch Schweigen über ihn geehrt wird, weil alles Gesagte ihn nicht einholt. Aber es kann und muss über ihn trotzdem geredet werden, weil er ja zugleich der verborgene und der offenbare Gott ist. Schweigen über ihn kann ein Ausdruck der Ehrfurcht sein. Es kann aber auch stumpf werden lassen. Geschwätziges Reden in der Kirche über Gott verfehlt ihn freilich und vertreibt auch sensible Gottsucher aus ihrer Nähe. Ich bin davon überzeugt, dass sich die Kunst, zumal auch die Literatur, nach kurzen oder langen Intervallen immer wieder der großen Frage Immanuel Kants stellen wird, ob ein Gott sei. Dies auch in und nach einer Zeit weitverbreiteter religiöser Gleichgültigkeit oder sogar eines *odium Dei*.

Basilika Mariä Himmelfahrt, 12./13. Jahrhundert

Seckau, Steiermark

Die Steine reden: Die romanische Basilika von Seckau war von 1218, dem Jahr ihrer Gründung, bis 1782 Domkirche der Diözese Seckau. Seit 1883 ist sie die Kirche der Benediktinerabtei und der Pfarre Seckau und weiterhin so etwas wie das Herz der Diözese Graz-Seckau.

Unbekannter Meister
Corpus Christi, 18. Jahrhundert
Hauskapelle des Grazer Bischofhofes

„Sie werden auf den blicken, den sie durchbohrt haben." (Joh 19,37)

Ein ausdrucksstarkes barockes Kruzifix, das lange auf einem Friedhof gestanden ist, hängt nun den Raum beherrschend und die Blickbahnen der Betenden sammelnd an der Altarwand der Bischöflichen Hauskapelle. Hinter dem durch viele Jahre vom Wetter gezeichneten und verwundeten Korpus des Gekreuzigten weist eine vergoldete Tafel aus Holz auf Ostern hin, als den dritten Tag nach dem Karfreitag Jesu Christi.

Papst Benedikt XVI. mit Bischof Egon Kapellari, 2007

Mariazell, Steiermark

Papst Benedikt XVI. besucht den Gnadenort Mariazell aus Anlass des 850-Jahr-Jubiläums. Er wird am 8. September 2007 vom steirischen Diözesanbischof Egon Kapellari im Namen von rund 40.000 Pilgern bei schlechtem Wetter begrüßt: „Wir feiern trotzdem nicht Mariä Schnee, sondern Mariä Geburt."

Wolfgang Hollegha

Ohne Titel, 2003

Michaelskapelle im Schloss Seggau, Steiermark

Die Kirche ist auch ein Haus alter und neuer Kunst. Ein großartig leuchtendes Bild von Wolfgang Hollegha befindet sich in der neuen Kapelle des Bildungshauses im Bischöflichen Schloss Seggau. Die auf weißem Grund tanzenden und leuchtenden Farbflecke erfüllen den Sakralraum zu jeder Jahres- und Tageszeit mit österlicher Freude. Mit auch starkem körperlichen Einsatz malt Hollegha seine Bilder, deren Motive vorrangig der Natur entstammen. Baumstämme, Wurzeln, Licht- und Schattenwirkungen sind in große Farbflächen und Farbflecken getaucht. Sie werden in ihrer Abstraktion vom Künstler „kontrolliert", indem er mit seinem ganzen Körper malt, indem er buchstäblich „im Bilde ist". Dadurch löst sich eine Form heraus, die für seine Bilder typisch ist. Das Herauslösen ist zugleich eine Annäherung an die uns umgebende Natur, an die Wirklichkeit. Das „Im-Bilde-Sein" Holleghas kann und soll man als theologisch-spirituelle Exegese unserer Welt, unserer Umgebung und Natur verstehen.

Mit Gläubigen im Hof des Priesterseminars, 2011

Graz

„Für euch bin ich Bischof, mit euch bin ich Christ." (Augustinus)

2011 ist für Bischof Egon Kapellari ein Jubiläumsjahr: Goldenes Priesterjubiläum, 30 Jahre Erwählung in das Bischofsamt, 10 Jahre Bischof von Graz-Seckau. Nach dem Festgottesdienst im Grazer Dom am 25. September 2011 kommt es im Hof des Grazer Priesterseminars zu dankbaren Begegnungen.

Jürgen Lenssen und Cesare Augusto Stefano

Kreuzkapelle im Exerzitienhaus Himmelspforten, 2005

Würzburg

„Die Riten sollen den Glanz edler Einfachheit tragen", haben die Väter des II. Vatikanischen Konzils in dessen Konstitution über die Liturgie gesagt. Dem entspricht besonders die Kapelle im Exerzitienhaus Himmelspforten in Würzburg. Bischof Egon Kapellari begegnet dort als Liturgiereferent der Österreichischen Bischofskonferenz durch viele Jahre auch dem Würzburger Diözesanbischof Friedhelm Hofmann, mit dem er für die Erarbeitung des „Gebet- und Gesangbuches" (in Nachfolge des „Gotteslob") besonders verantwortlich war.

Priesterweihe, 2013

Dom zu Graz

Bischof Egon Kapellari weiht am 30. Juni 2013 unter anderen den Diakon Anthony Nwachukwu aus Nigeria zum Priester für die Diözese Graz-Seckau: „Vertraut auf das Wort aus den biblischen Psalmen: ‚In der Kraft meines Gottes überspringe ich Mauern'!"

Dom und Mausoleum, 12./17. Jahrhundert

Graz

Häuser des Lebens als Teil der „Grazer Stadtkrone": So nennt man das Ensemble von profanen und sakralen Bauten, die den Dom umgeben und zu denen die Burg, das Mausoleum, die alte Jesuitenuniversität – heute zum größten Teil Priesterseminar – und das Schauspielhaus zählen. Man versuche, sich vorzustellen, um wie viel ärmer das Panorama dieser Stadt wäre, fehlten hier die Türme der Franziskaner- und der Mariahilferkirche oder gar der Dachreiterturm des Domes und Turm und Kuppeln des Mausoleums. Diese Bauwerke verdanken sich zuinnerst nicht dem Repräsentationsbedürfnis politischer und kirchlicher Entscheidungsträger, sondern dem Willen, Zeichen der Transzendenz in den öffentlichen Raum der Stadt zu stellen.

Sie haben sich einige Male auch auf einen öffentlichen Streit darüber eingelassen, was Kunst darf und nicht darf. Es gilt ja weithin die Auffassung, Kunst dürfe alles.

Der schon genannte Vermittler zwischen Kirche und zeitgenössischer Kunst Otto Mauer war nicht dieser Auffassung. In seiner „Galerie St. Stephan" – später „Galerie nächst St. Stephan" – hat er eine ganze Generation junger Maler gefördert und bekannt gemacht. Manche von diesen Künstlern waren auch sehr provokant, was Mauer toleriert hat. Er hat aber auch öffentlich Grenzen der Kunst eingemahnt, wenn diese im Namen künstlerischer Freiheit auf inhumane Weise Tabus brach. Das tue ich, weniger spektakulär, auch. Ich bin dankbar dafür, dass ich in einem Land leben kann, wo es keine Fatwa gegen wirkliche oder vermeintliche Beleidigungen von Religion geben kann. Ich wehre mich aber nach Kräften gegen eine zumal in Deutschland häufiger gewordene Verhöhnung des für Christen Heiligen durch Kunst und Medien.

Genau darüber hatten Sie öffentliche Auseinandersetzungen mit Hermann Nitsch und Gerhard Haderer. Was bleibt von solchen Gesprächen – außer das öffentliche Aufsehen?

Der Abbau von Tabus wird von vielen als Freiheitsgewinn empfunden, aber wenn systematisch der Abbau letzter noch nicht zerstörter Tabus betrieben wird, kann das einen breiten Weg zur Inhumanität öffnen. Darüber habe ich mit dem Aktionskünstler Hermann Nitsch vor einem großen Forum in der Wiener Akademie der bildenden Künste diskutiert, zu dem mich Max Weiler eingeladen hatte. Ich habe dort gesagt, dass der blasphemisch-pornographische Umgang von Professor Nitsch mit der Gestalt Jesu Christi im Libretto „Die Eroberung von Jerusalem" eine für mich unverzeihliche Provokation bleibt, die ich stets bekämpfen werde. Ob Nitsch das wirklich akzeptiert hat, weiß ich nicht, wir können jetzt aber ganz unaufgeregt miteinander sprechen. Mit dem Karikaturisten Gerhard Haderer hatte ich in der Wiener Albertina einen Disput über seine umstrittenen Jesus-Karikaturen, an dem auch Robert Menasse teilnahm. Ich habe Haderer gesagt, dass Mutter Teresa – sie war damals schon verstorben – ihn vielleicht gefragt hätte: „Warum lassen Sie nicht Jesus Christus, meinen Jesus Christus, respektvoll im Gegenlicht stehen?" Haderer hat diese Frage mit Schweigen beantwortet.

■ *Otto Mauer hat immer wieder gesagt, dass Kunst auch an die Ränder der Existenz geht, das Hässliche und Grässliche darstellt.*

Kunst muss nicht schön sein. Sie stellt auch das Böse, das Grauenhafte meisterhaft dar. Man denke an Hieronymus Bosch, Francisco de Goya oder Edvard Munch. Aber im Ganzen wird Kunst trotz allen Wechsels der Themen und Epochen weder auf Schönheit noch auf Gegenständlichkeit je ganz verzichten können. Der große russische Schriftsteller und Christ Fjodor Michailowitsch Dostojewski hat in seinem Roman „Der Idiot" gesagt: „Das Schöne wird die Welt retten." Auch Religion hat an dieser Schönheit teil.

■ *Die Kirche war immer ein Auftraggeber von Kunst. In den besten Zeiten haben es sich bildende Künstler und Musiker zur Ehre angerechnet, Bilder für eine Kirche zu malen oder Messen zu komponieren. Ist das Vergangenheit?*

Vor etwa 200 Jahren begann eine starke Dissoziation zwischen Kirche und Kunst. Theodor Haecker hat das – bezogen auf die Dichtkunst – in den Zwanzigerjahren des vorigen Jahrhunderts beklagt: „Die Kirche, welche einstmals die Mutter der Dichter war, nicht weniger als der Heiligen, hat während der letzten beiden Jahrhunderte die Herrlichkeiten der Dichtkunst Fremdlingen überlassen, wenn sie auch die Herrlichkeiten der Heiligen für sich behalten hat. Sie hat die Palme (des Martyriums) behalten, aber den Lorbeer (der Dichtkunst) eingebüßt. ... Zu stark und allgemein ist unter den Katholiken das Gefühl gewesen, dass die Dichtkunst im besten Fall überflüssig, im schlimmsten Fall verderblich sei." Aber auch im 20. Jahrhundert gab es Spitzenwerke nicht nur allgemein religiöser, sondern auch für die Kirche bestimmter Kunst: Bespielhaft seien genannt der Maler Georges Rouault, ein bekennender Katholik, in der Architektur der Agnostiker Le Corbusier, der unter anderem die weltbekannte Kapelle in Ronchamp bei Besançon geschaffen hat, und in der Musik die Komponisten Igor Strawinski, Olivier Messiaen, Krzysztof Penderecki und Arvo Pärt. Sie alle haben als Teil eines weitgespannten Œuvres auch christlich inspirierte Kunst geschaffen, die unzählige Menschen bewegt hat und weiterhin bewegt. Zusammenfassend möchte ich aber sagen: Die Kirche braucht die jeweils zeitgenössische Kunst nicht vor allem, um ihr Aufträge geben zu können, sondern um besser verstehen zu lernen, was jeweils im Menschen und in der Zeit ist. Kunst ist einer der Seismographen dafür.

Von der Musik haben wir noch nicht ausdrücklich gesprochen.

Leider spiele ich kein Instrument und kann weder gut zeichnen noch malen. Aber ich habe sehr offene Augen für bildende Kunst und sehr offene Ohren für Musik. Viel große geistliche

Musik höre ich in den Liturgien. Andere große Musik höre ich oft während der notwendig vielen Nachtstunden am Schreibtisch nebenher, vermittelt durch CDs. Das sollte ich dieser Musik zwar nicht antun, aber ich nehme trotzdem viel davon auf und wäre spirituell viel ärmer, wenn ich auf diese zusätzliche Zeit zum – freilich nicht ganz aufmerksamen – Hören verzichten müsste.

Gibt es für Sie so etwas wie eine Lieblingsmusik?

Darauf hat mich einmal Gottfried von Einem angesprochen, nachdem er eine Radiosendung gehört hatte, für die ich im Ausmaß einer Stunde mir besonders kostbare Musik ausgewählt und mit dem Moderator besprochen hatte. Diese Auswahl musste ich ohne viel Vorbereitung treffen; ich habe mich dann für Stücke aus dem „Wohltemperierten Klavier" von Johann Sebastian Bach, für einiges von Joseph Haydn, Wolfgang Amadeus Mozart und für Motetten von Anton Bruckner entschieden. Ich möchte aber auf die Frage nach meiner Lieblingsmusik am liebsten keine Wahl treffen, weil es ja so viel Musik gibt, die mir besonders kostbar ist. Der gregorianische Choral hat für mich jedenfalls einen besonderen Rang, vielleicht den ersten. In diesem Zusammenhang erinnere ich mich an den bekannten Brief, den Antoine de Saint-Exupéry über seine Liebe zu dieser Musik und seine Sehnsucht nach ihr an einen General geschrieben hat, ich glaube, es war Charles de Gaulle.

Manchmal werden in der Kirche das Soziale und das Ästhetisch-Sakrale gegeneinander ausgespielt. Sozial engagierte Christen kritisieren leicht Aufwendungen für Kirchenrenovierungen und andere Bauten. Wie lässt sich beides vereinbaren?

Der spätere Wiener Weihbischof Florian Kuntner, der sich besonders für die Dritte Welt eingesetzt hat und dafür hoch angesehen war, musste zur Renovierung des ihm damals anvertrauten Domes von Wiener Neustadt viel Geld für dieses kostbare sakrale Erbe aufbringen. Katholische Solidargruppen haben dies kritisiert und verlangt, dass man das Geld für Sozialprojekte in der Dritten Welt verwende. Der Weihbischof, damals noch Propst, hat dann aber einen Kraftakt in Verbindung von Ethik und Ästhetik zuwege gebracht: Die aufgebrachte Summe wurde verdoppelt und je zur Hälfte für den Dom und für die Dritte Welt verwendet. Das ist ein nicht in Serie wiederholbares Beispiel, aber jedenfalls ein unbequemer und wichtiger Impuls.

Bauplatz Europa

Sie sind in der Bischofskonferenz mit Europafragen befasst. Von Ihnen stammt die Aufforderung der Bischöfe an die Katholiken Österreichs, sie mögen auf dem „Bauplatz Europa gestaltend mitwirken". Welche Chance hat ein Katholik dazu, der den Eindruck bekommen muss, in Europa setzten sich zunehmend kirchenkritische und sogar -feindliche Tendenzen durch?

Die katholische Weltkirche ist, so hat ein Präsident des Club of Rome vor Jahrzehnten gesagt, das älteste Globalinstitut. Als Weltkirche ist sie nicht auf Europa fixiert, wie ja auch die jüngste Papstwahl gezeigt hat. Sie hat aber Europa bisher länger und umfassender geprägt als alle anderen Kontinente, und sie würde sehr viel an Substanz verlieren, wenn sie in Europa auf eine marginale Kraft reduziert wäre. Umgekehrt würde Europa viel ärmer werden, wenn ihm die spirituelle Kraft der Kirche verloren ginge. Die Kirche in Europa braucht aber dringend auch Infusionen von spiritueller Kraft und Spontaneität aus den jüngeren Kirchen auf anderen Kontinenten. Papst Franziskus wird, so hoffe ich, dazu viel beitragen.

In vielen EU-Ländern hat sich – auch verstärkt durch die Eurokrise – eine antieuropäische Stimmung breitgemacht. Der Vatikan und die Bischofskonferenzen in Europa unterstützen trotz vielstimmiger Kritik und Skepsis die Europäische Integration. Kann die Kirche überhaupt etwas zur Stimmungsverbesserung gegenüber der EU beitragen?

Wir begleiten die europäische Integration in kritischer Solidarität. Es gibt an der EU viel zu kritisieren, besonders auch an deren Trend zu einer Überregulierung. Wir glauben aber, dass es keine Alternative zur europäischen Integration gibt. Solidarität der Kirche mit dem Projekt Europa wird auch dadurch dokumentiert, dass sie bei den Institutionen der Europäischen Union durch einen päpstlichen Nuntius und durch die COMECE, die Kommission der Bischofskonferenzen der EU-Länder, vertreten ist. In diesem Gremium vertrete ich Österreich seit vielen Jahren.

Sollte sich die Kirche angesichts der massiven Skepsis vieler Europäer gegenüber der Europäischen Union in ihrem Engagement für das Europäische Projekt nicht stärker zurücknehmen? Die Probleme sind offenkundig: Der weltpolitische Einfluss und damit die Verbreitung der kulturellen Errungenschaften des Christentums und der Aufklärung sind im Abnehmen. Die ökonomische Krise ist anhaltend und die demographischen Prognosen sprechen auch nicht für eine neue Dynamik.

Unsere Hauptaufgabe bleibt es selbstverständlich, Europa Christus zu zeigen. Es liegt nicht in unserer Sachkompetenz, darüber zu befinden, wie der Euro als Währung erhalten bleiben kann und ob es generell mehr oder weniger europäische Integration geben soll. Wenn das Projekt Europa aber scheitern sollte, könnte das ein Wiederaufleben des alten Nationalismus bedeuten, was verheerende Folgen für den ganzen Kontinent hätte. Wir wollen jedenfalls dazu beitragen, dass sich weder Europa noch die europäische Kirche im globalen Kontext selbst aufgeben.

■ *Was würden wir mit dem Projekt Europa verlieren?*

Das Ideen- und Wertereservoir der Zeit nach 1945 bezog sich dort, wo kommunistische Machthaber dies nicht behinderten, auf Demokratie und Rechtsstaatlichkeit als Garanten für die unantastbare Würde der Person und des Gemeinwohls. Auch genannt werden müssen Wirtschaftsstrukturen und -praktiken, die eine Balance zwischen unternehmerischer Freiheit und sozialer Gerechtigkeit sowie zwischen nationaler und internationaler Wohlfahrt sichern. Dies alles war der großen Friedensperspektive unterstellt, die die Gründungsväter der Europäischen Union im Herzen hatten. Es waren vor allem bewusst katholische Staatsmänner wie Robert Schuman, um dessen Seligsprechung man sich bemüht, wie Alcide de Gasperi, Konrad Adenauer und Charles de Gaulle, die ihr Christentum nie versteckt haben. Sie haben ihr Friedensprojekt mit wirtschaftlichen Kooperationen begonnen in der Erwartung, dass Staaten, die gemeinsam Kohle fördern und Stahl produzieren, in Zukunft nicht mehr gegeneinander Krieg führen werden. Dahinter stand aber gewiss die umfassendere Perspektive auf ein ebenso kulturell und sozial geeintes Europa. Das gegenwärtige Unbehagen in und an der Europäischen Union hat seine Ursache sicher weitgehend auch im Vergessen dieser Anfänge und Perspektiven.

■ *Die Päpste Johannes Paul II. und Benedikt XVI. waren der Auffassung, Europa sei kein primär geographischer, sondern ein kultureller Begriff. Wo sind dann seine Grenzen?*

Im kulturellen Sinn ist Europa deutlicher bestimmbar als im geographischen: nämlich als jener Raum, der durch Athen, Rom und Jerusalem – durch die griechische Philosophie, das römische Rechtsdenken und die Traditionen des Judentums und Christentums – maßgeblich geprägt und geformt worden ist.

Liegt die Ursache für die Europamüdigkeit vieler Menschen nicht auch darin, dass die Integration der Gemeinschaft unaufhaltsam weitergeht, obwohl die „Finalität" der EU nie definiert worden ist? Unverkennbar ist ja, dass die europäischen Eliten auf einen Bundesstaat zusteuern, für den eine demokratische Zustimmung nie eingeholt worden ist.

Jeder Integrationsschritt drängt zu einem weiteren. So ist, wie man an der gegenwärtigen Krise erkennen kann, eine Währungsunion nur dann funktionstüchtig, wenn sie von einer entsprechend koordinierten Wirtschafts- und Finanzpolitik getragen wird. Eine solche ist derzeit aber nur ansatzweise verwirklicht. Gleichzeitig gilt aber, dass eine Integration Europas, die ausschließlich von marktwirtschaftlichen Gesetzmäßigkeiten bestimmt wird, die Zustimmung der Bürger zu verlieren droht. Jacques Delors hat das erkannt und gesagt, man müsse „Europa eine Seele geben". Er hat daher die Kirchen und Religionsgemeinschaften eingeladen, sich am Integrationsprozess zu beteiligen und zu helfen, Europa eine Seele zu geben. Die katholische Kirche hat diesen Impuls zum Beispiel beim Mitteleuropäischen Katholikentag in Mariazell 2004 aufgenommen, zu dem sich Pilger aus Bosnien-Herzegowina, Kroatien, Polen, der Slowakei, Slowenien, Tschechien, Ungarn und Österreich versammelt hatten. Die Bischöfe haben dort zu den Katholiken gesagt: „Versteckt Euren Glauben nicht! Bleibt nicht am Rand des Weges in die gemeinsame Zukunft stehen! Geht mit, denkt mit, redet mit, arbeitet mit, sucht Allianzen mit allen Menschen guten Willens! Jeder von Euch kann dazu etwas Kostbares beitragen."

■ Durch die anhaltende Flüchtlingstragödie im Mittelmeer ist Europa in seinem Selbstverständnis als Hort für Flüchtlinge und Verfolgte herausgefordert. Der Präsident des Päpstlichen Rates für die Migranten spricht von einer „egoistischen Politik", die Europa gegenüber den Flüchtlingen aus Afrika betreibe. Wie könnte eine nicht-egoistische Politik aussehen?

Mitleid und ein Ringen um mehr Gerechtigkeit gehören zum Besten, das Menschen und zumal auch Christen und ihre Gemeinschaften zuwege bringen können. Die Nachrichten über den Tod von immer mehr Migranten im Mittelmeer haben daher zu Forderungen vor allem an die Adresse der Politik geführt, die nicht ignoriert werden dürfen. Wanderungen und sogar Völkerwanderungen hat es im Lauf der Geschichte immer wieder gegeben. Um die jetzigen Probleme nicht noch weiter eskalieren zu lassen, muss die internationale Politik möglichst bald eine Rahmenregelung betreffend die Einwanderung nach Europa finden. Europa darf weder zu einer fest verschlossenen Festung noch zu einem schließlich notwendigerweise enttäuschenden Ziel für möglichst alle Flüchtlinge werden, die aus höchst verständlichen Gründen der Not in ihrer Heimat entfliehen möchten und oft auch noch der Ausbeutung durch Schlepper ausgesetzt sind. Das Asylrecht für jene, die aus politischen oder religiösen Gründen in ihrer Heimat verfolgt werden, muss bleiben und ausgebaut werden. Zugleich muss Europa – und nicht nur Europa – konzertiert daran arbeiten, dass vor allem die wirtschaftlichen Lebensbedingungen in Afrika und in anderen Herkunftsländern von Flüchtlingen so verbessert werden, dass es dort positive Perspektiven und einen Grund zum Bleiben gibt. Das braucht einen lang dauernden, beharrlichen Einsatz. Die christlichen Kirchen tun dafür mit ihren freilich kleinen Mitteln sehr viel, aber nur ein Umdenken in der internationalen Politik kann eine Trendwende herbeiführen.

■ *Ein ausdrücklicher Bezug auf Gott in der Präambel der geplanten und dann nicht zustande gekommen Europäischen Verfassung wurde abgelehnt. Was ist Europa dadurch verloren gegangen?*

Im Artikel 17 des Vertrags von Lissabon hat die Europäische Union den Dialog mit den Kirchen und Religionsgemeinschaften institutionalisiert. Das ist im Vergleich zum bisherigen Usus ein entscheidender Schritt nach vorne. Die Europäische Union respektiert das bestehende Staatskirchenrecht in den einzelnen Mitgliedsstaaten und verpflichtet sich zu einem regelmäßigen und offenen Dialog mit den Kirchen und Religionsgemeinschaften. Die Bischöfe der EU-Länder haben sich mit großem Einsatz darum bemüht, dass in die Präambel des dann nicht realisierten EU-Verfassungsvertrags eine ausdrückliche Berufung auf Gott aufgenommen wird, so wie dies im deutschen Grundgesetz und in der Schweizer Verfassung der Fall ist. Dass dies abgelehnt wurde, halte ich für unakzeptabel. Durch die Neuregelung des Vertrags von Lissabon sind die Kirchen allerdings in eine viel wirksamere Position gegenüber der Union gekommen, als dies allein durch den Gottesbezug in der Präambel möglich gewesen wäre.

■ *Damit wird auch institutionell anerkannt, dass Religion zur Gesellschaft gehört.*

Religion ist ja auch in Europa unübersehbar präsent: vor allem durch das Christentum und neuerdings auch durch den Islam. Die europäische Aufklärung und die aus ihr resultierenden Erklärungen der Menschen- und Bürgerrechte haben maßgeblich dazu beigetragen, einen freiheitlich-demokratischen und säkularen Rechtsstaat auszuprägen, in dem auch wir heute gerne leben. Damit verbunden ist ein gesellschaftlicher Pluralismus, dessen Verfassungsbogen einer Vielzahl von Überzeugungen und Weltanschauungen Raum gibt.

▪ *Trotzdem gibt es gerade im Raum der Europäischen Union starke Tendenzen, die Kirche aus dem öffentlichen Raum zu verdrängen, auch unter dem Titel der „Trennung von Kirche und Staat". In Frankreich wurde von der Regierung soeben eine „Charta der Laizität" erlassen, die in den Schulen angeschlagen und verbreitet werden muss.*

Eine Gesellschaft, die versucht, alte und neue Religion generell ins Private abzuschieben, um sich vermeintlich Probleme zu ersparen, begibt sich vieler humaner Ressourcen und trägt nicht zum Frieden durch eine Aufklärung bei, die sowohl der Religion, und zwar nicht nur der christlichen Religion, als auch der Zivilgesellschaft unabweisbare Aufgaben stellt. Trennung von Kirche und Staat heißt nicht Beziehungslosigkeit. Die Modelle für eine zeitgemäße Beziehung zwischen Kirche und Staat sind in Europa sehr unterschiedlich. Religionsfreiheit führt nicht zu einer Nischenbildung für Religion als eine „geschützte Art". Auch in Frankreich, wo die *laïcité* wie ein Dogma angesehen wird, ist diese *laïcité* nicht flächendeckend verwirklicht. Der Staat hat ein Konkordat für Elsass-Lothringen, eine Armeeseelsorge in der Fremdenlegion, er unterstützt die Katholische Universität Lille und mit Personalsubventionen die katholischen Privatschulen, die ein Rückgrat des französischen Schulwesens sind. Und für die katholischen Schulen gilt die neue Charta, die Sie erwähnt haben, ausdrücklich nicht.

In den skandinavischen Ländern herrscht das Modell der protestantischen Staatskirche, in Griechenland hat die Orthodoxie diesen Status. In Deutschland, Österreich und Italien gibt es das Prinzip der Konkordate. In den ehemaligen kommunistischen Ländern herrscht noch verbreitet die Vorstellung, dass die Kirche in der Öffentlichkeit keine Stimme haben dürfe. Woran sollte sich die EU orientieren?

Die Europäische Union hat als solche kein „Staatskirchenrecht" ausgeprägt. Ihre Institutionen sind stark nach dem französischen Modell gestaltet; die Kirchen hatten zunächst kaum Bezug zu den EU-Institutionen. Ein solcher Bezug war sogar eher verpönt. Ich erinnere mich an eine Konferenz in Brüssel, bei der eine junge Politikwissenschaftlerin sehr aggressiv erklärt hat, dass die Kirchen und Religionsgemeinschaften im Diskurs mit der EU nichts zu suchen hätten. Es werde keinen Weltfrieden geben, bevor die drei monotheistischen Weltreligionen ihren Einfluss verloren hätten. Der englische Oberrabbiner Friedländer, der an dieser Diskussion teilnahm, hat dann der Dame in heiterem Ton gesagt, er habe schon lange nicht so viel Unsinn gehört, worauf sie sich beleidigt aus dem Raum entfernt hat. Europa ist heute mehr denn je von Pluralität geprägt. Das ergibt einen schwierigen, aber unvermeidbaren Lernprozess – auch für die Kirche.

Ein Volksbegehren gegen „Kirchenprivilegien" hat eine generelle Trennung von Kirche und Staat gefordert. Das Volksbegehren ist zwar historisch erfolglos geblieben, das Thema dürfte aber wohl auf der Tagesordnung bleiben.

Einige Behauptungen der Initiatoren waren einfach falsch; die Initiative hat bekanntlich sehr wenig Zustimmung gefunden. Als Kirche haben wir ganz sachlich darauf reagiert. Wir müssen darüber hinaus ständig öffentlich darauf hinweisen, was die

Kirche, was die Religionen überhaupt konkret für die gesamte Gesellschaft an Helfendem leisten. Wem würde es nützen, wenn Religion aus der Öffentlichkeit möglichst verdrängt wäre? Das bleibt die Kernfrage gegenüber solchen Initiativen.

■ *In Wien und früher schon in Italien haben Eltern gegen das Kreuz im Klassenzimmer protestiert. Sie wollten nicht, dass ihre Kinder dem Zeichen einer Religion „ausgesetzt" sind.*

Wenn man das weiterdenkt, müsste man alle religiösen Zeichen, die irgendjemandem widerstreben, aus dem öffentlichen Raum beseitigen. Das ist absurd. Man kann sich zwar an dem Läuten von Glocken der Kirchtürme abarbeiten, aber eine Kleingruppe dürfte nicht die Gesamtgesellschaft zwingen können, eine mehrheitlich präsente Religion aus der Öffentlichkeit zu verdrängen.

■ *Die Kirche tut sich schwer, der Öffentlichkeit klarzumachen, dass sie in ihrer sozialen und Bildungstätigkeit keine Eigeninteressen vertritt, sondern die der gesamten Gesellschaft.*

Wir dienen dabei Katholiken wie Nichtkatholiken. Die hohe Akzeptanz kirchlicher Spitäler, Schulen, Kindergärten und so weiter auch bei religiös Anders- oder Nichtglaubenden ist öffentlich ja weithin bekannt, sollte aber gerechterweise noch bekannter werden.

Solidarität und Markt

Die Kirche ist ein wichtiger Wirtschaftsfaktor. Sie ist eine große Arbeitgeberin und als Verwalterin von vielen historischen Bauten und Kunstschätzen auch eine wichtige Auftraggeberin für die Wirtschaft. Als solche hat sie und haben die einzelnen Katholiken auch eine soziale Verantwortung. Gibt es so etwas wie eine katholische Wirtschaftstheorie?

„Es gibt keinen katholischen Stahlpreis", hat ein sehr angesehener und einflussreicher – übrigens katholischer – Manager gesagt. Das II. Vatikanische Konzil hat den Katholiken in der Pastoralkonstitution „Gaudium et Spes" gesagt: „Berechtigte Meinungsverschiedenheiten in Fragen der Ordnung irdischer Dinge sollen sie anerkennen, und die anderen, die als Einzelne oder kollektiv solche Meinungen anständig vertreten, sollen sie achten." Eine klassisch anmutende Generalregel für den Umgang mit Pluralität ohne Zerstörung einer umgreifenden Einheit lautet: „In necessariis unitas, in dubiis libertas, in omnibus caritas", also: „Im Notwendigen Einheit, im Zweifel Freiheit und in allem Liebe". Diese Regel erspart uns keineswegs viele Bemühungen um ihre Interpretation in konkreten Auseinandersetzungen, aber sie ist hilfreich.

Gegen Ende des 19. Jahrhunderts hat die Kirche mit ihrer katholischen Soziallehre bahnbrechende Leistungen zum Verständnis von

Wirtschaft und sozialer Verantwortung vollbracht. Das Subsidiaritäts-
prinzip etwa war eine genuin katholische „Erfindung". Es ist aber still
geworden um die katholische Soziallehre. Hat die Kirche auf diesem
Feld noch etwas zu sagen?

Die katholische Soziallehre bietet ein Instrumentarium, das
nicht nur für Katholiken brauchbar ist und daher teilweise
auch in das Regelwerk der Europäischen Union aufgenommen
wurde. Im Gefolge der globalen Finanz- und Wirtschaftskrise
wurden viele Funktionen der Marktwirtschaft problematisiert
und kritisch hinterfragt. Schon der hervorragende Sozialethiker
und Erzbischof von Köln, Kardinal Joseph Höffner, hat 1985
aber gesagt: „Nach dem Sündenfall kommt für die Wirtschaft
eines Staates nur die auf dem Privateigentum beruhende, sozial
ausgerichtete marktwirtschaftliche Ordnung infrage." Gemeint
war nicht der Sündenfall der Finanzkrise, sondern der Sündenfall von Adam und Eva. Der Satz gilt also universal. Dies ist auch
heute Konsens in der katholischen Soziallehre.

Es gibt aber auch starke Stimmen in der Kirche, die das bestreiten
würden und den Markt für die Quelle allen Übels halten.

Die katholische Soziallehre betont auch heute die grundsätzlich
positive Bewertung des wirtschaftlichen Wettbewerbs als effi-
zienteste Form der Ressourcenallokation, solange er in einem
politischen Ordnungsrahmen verankert ist. Freilich sind die
Nationalstaaten heute angesichts der Globalisierung der Wirtschaft vielfach überfordert.

Die Kirche ist also keine Anti-Globalisierungs-Organisation?

Die katholische Kirche ist ihrem innersten Wesen nach eine globale Organisation, multinational und präsent bis in die äußers-

ten Winkel der Erde. Das Phänomen der Globalisierung ist also für sie grundsätzlich nichts Negatives. Kooperation zwischen allen Kontinenten, Austausch von Ressourcen, von Know-how, Vernetzung der Information, Ausgleich der Güterverteilung, all das ist der Kirche vertraut und macht sie in einer globalisierten Welt heimisch. Daraus ergibt sich auch die Unterstützung von Bemühungen, die Globalisierung des Weltmarktes durch neue globale soziale und politische Begleit- und Schutzmaßnahmen zu ergänzen.

Dagegen wird eingewendet, dass sich der Lebensstil und die Wirtschaftsweise der westlichen Industriestaaten nicht globalisieren lassen, ohne die natürlichen Ressourcen der Erde zu erschöpfen.

Das ist eine eminente Herausforderung für uns alle. Nur ein neues Bewusstsein von der Endlichkeit, der Begrenztheit des Menschen und der Welt und ihrer Ressourcen kann einen langfristigen und nachhaltigen Wandel bringen. Das dürfte freilich nicht zu kurzschlüssigen Vereinfachungen führen. Ganze Völker, ja Kontinente, aus Armut und Unterentwicklung herauszuführen und ihre Grundbedürfnisse für ein menschenwürdiges Leben – Wasser, Wohnung, Gesundheitsversorgung, Bildung – zu decken, das wird nicht ohne ein starkes Wirtschaftswachstum möglich sein.

Wie soll es dann aber zu den nötigen Selbstbeschränkungen kommen?

Ohne das Bewusstsein, dass wir „nur Gast auf Erden" sind und dass es eine göttliche Instanz gibt, vor der wir schließlich Rechenschaft zu geben haben, wird es schwer sein, jenes Potential an Verzicht, Solidarität und Opferbereitschaft aufzubauen, das unerlässlich ist, um Ansprüche legitim zu mäßigen.

Papst Franziskus hat mit großem Nachdruck an die Armut in vielen Teilen der Welt erinnert. Er kennt sie aus eigener Anschauung aus Lateinamerika. Dafür hat er viel emotionale Zustimmung bekommen. Besteht nicht die Gefahr, dass die Armut idealisiert wird, anstatt sie energisch zu bekämpfen?

Jedes Stück Brot, das wir mit einem ärmeren Menschen teilen, mindert ein wenig Not. Jeder Mensch, der Menschen in Not helfen will, muss aber seine Intelligenz und Phantasie einsetzen, um nicht nur punktuell zu helfen, sondern um auch ungerechte Sozialstrukturen überwinden zu helfen. Das päpstliche Lehramt ist bei seinem generellen Einsatz für das Leben eine prophetische Stimme.

Der konservative deutsche Reichskanzler Otto von Bismarck, ein Protestant, der im 19. Jahrhundert die Grundlagen für den deutschen Sozialstaat gelegt hat, hat das geflügelte Wort geprägt: „Mit der Bergpredigt kann man keinen Staat regieren."

Dem kann man nicht einfach widersprechen, weil die Bergpredigt ja keine konkrete Handlungsanweisung für jeden Alltag ist, sondern ein Ensemble von Zielgeboten. Ich bin aber davon überzeugt, dass man dem Wort Bismarcks die Aussage hinzufügen muss, dass ohne reichliche Fermente gelebter Bergpredigt eine Gesellschaft und ein Staat dem Verfall ausgesetzt sind. Der heilige Augustinus hat solche Gemeinwesen als *latrocinia magna* bezeichnet, als „große Räuberbanden".

Auf der italienischen Flüchtlingsinsel Lampedusa hat der Papst auf dramatische Weise die Armut und Massenflucht aus Afrika ins

Bewusstsein Europas gerufen. Das hat große Betroffenheit auch in kirchenfernen Kreisen ausgelöst, aber die Frage nicht beantwortet, was dagegen zu tun sei.

Seine Anklage gegen die „Globalisierung der Gleichgültigkeit" war ein prophetischer Paukenschlag. Die Frage ist tatsächlich, wie man der Armut strukturell begegnen kann, ohne in diesen Ländern durch kulturelle Brüche schwere Identitätsverluste auszulösen. Andererseits könnten europäische Länder destabilisiert werden. Das ist eine große Herausforderung für die gesamte Europäische Union. Ich sehe da im Ganzen auf Jahrzehnte hinaus noch keine harmonische Entwicklung, aber selbst kleine Schritte sind Teil eines Weges in eine hoffentlich bessere Zukunft.

Auch in Sonntagspredigten kann man häufig hören, dass die „Reichen reicher und die Armen ärmer" werden. Ist das nur eine übliche Redensart oder die herrschende Auffassung einer kirchlichen Wirtschaftsanalyse?

Nationalökonomen verweisen darauf, dass die globale Welt in den letzten Jahren zwar nicht weniger ungleich, aber doch deutlich weniger arm geworden ist. Während in manchen Ländern – vor allem in den USA, bisher nicht so sehr in Österreich – die Reicheren etwas schneller reich geworden sind als die Ärmeren, haben die Unterschiede zwischen den Staaten abgenommen, wodurch die Welt „gleicher" geworden ist. In den letzten Jahrzehnten konnte sich annähernd eine Milliarde Menschen aus erdrückender Armut befreien. Dies ist auch auf Bemühungen vieler Organisationen – von Regierungen, Non-Government-Organisations, nicht zuletzt auch von Kirchen und ihren sozialen Einrichtungen – zurückzuführen, vor allem aber auf ein

verstärktes Wachstum in den Entwicklungs- und Schwellen-
ländern.

■ *Aber Armut gibt es auch in einem Land wie dem unseren. Daran
erinnert immer wieder die kirchliche Caritas.*

Armut in Österreich existiert absolut und auch relativ auf einem geringeren Niveau als in anderen Ländern. Armut hat
aber viele Gesichter, die man oft nicht sehen will, und geht
über die monetäre Dimension hinaus. Es geht daher nicht nur
um „Verteilungspolitik", sondern um eine langfristige soziale
Integration von Menschen außerhalb unserer materiellen und
immateriellen Wohlstandsgesellschaft. Es geht auch darum, ihnen zu helfen, selbstbestimmt zu handeln und ihnen so viel an
Freiheit zu ermöglichen und zuzumuten, dass sie diese Freiheit in Lebenssinn umwandeln können. Je mehr die Menschen
ihre Freiheit nützen, desto ausgeprägter werden die dadurch
entstehenden Unterschiede. Materielle Ungleichheit ist so gesehen *per se* nichts Schlechtes, Armut schon. Es geht daher um
ihre Beseitigung, nicht um ihre Verwaltung. Ein Sozialsystem
muss Anreize schaffen, um aus der Armut herauszukommen.
Solidarität ist ein Mittel dazu. Allerdings ist auch Solidarität ein
knappes Gut – wir brauchen den Markt als einen zweitbesten
Mechanismus, der Anreize schafft, der Armut zu entkommen.
In den letzten Jahrzehnten war die Mischung aus beidem ziemlich erfolgreich.

■ *Der Papst hat beim Weltjugendtag in Rio de Janeiro auch über die
Bedeutung der Arbeit gesprochen, speziell der Arbeit für die Jugend.*

Es ist besonders schlimm, wenn heute viele junge Menschen
fragen müssen, ob sie je Arbeit finden werden, und wenn Men-

schen in manchen Berufen schon mit fünfzig Jahren als zu alt und nicht mehr finanzierbar gelten. In christlicher Sicht ist Arbeit nie nur funktional als Erwerbsarbeit zu verstehen. Arbeit ist ein wesentliches Element zur Würde und Selbstentfaltung des Menschen und in diesem Sinne auch Ausdruck seiner Kultur- und Weltgestaltung. Als Kirche müssen wir uns daher mit unserer freilich oft nur geringen Kraft ständig um Allianzen für unsere Soziallehre in Wirtschaft und Gesellschaft bemühen. Dies besonders auch zur Bekämpfung der Arbeitslosigkeit und im Bemühen um Nachhaltigkeit.

Kirche
unter den Völkern

Ut unum sint

■ Die katholische Kirche hat sich im Konzilsdekret „Unitatis Redintegratio" nachdrücklich zur Förderung der Einheit der Christen bekannt. Oft wird aber behauptet, die dazu möglichen Schritte seien ausgeblieben.

Seit dem Konzil hat es unzählige Bemühungen der Kirche um mehr Einheit der Christen gegeben. Im Päpstlichen Rat zur Förderung der Einheit der Christen, der unter der Leitung des schweizerischen Kardinals Kurt Koch steht, hat die Kirche eine Institution, die sich ausschließlich mit der Förderung der christlichen Ökumene und den Beziehungen zum Judentum beschäftigt. Die Christenheit ist aber global und auch in Europa nicht nur sehr bunt, sie ist auch nicht einig über die Wege zu mehr Einheit und darüber, worin diese Einheit bestehen muss. Im deutschen Sprachraum wird oft gemeint, die Einheit zwischen der katholischen Kirche und den evangelischen Kirchen sei an der Basis längst schon gegeben, nur die Kirchenleitungen seien dagegen. Das stimmt aber so nicht.

■ Kardinal Koch hat den unterschiedlichen Zugang zur Frage der Ökumene seitens der katholischen Kirche und seitens der aus der Reformation hervorgegangenen Kirchen so beschrieben: Die katholische Kirche kann sich Ökumene nur als ein einziges Haus vorstellen, während die reformatorischen und die evangelischen Kirchen sich auch mit

einer Reihenhaussiedlung zufriedengeben. Das ist ein anschauliches Bild. Wie lässt sich das versöhnen, und wie könnte es weitergehen in der Ökumene?

Die katholische Ökumene, die der Papst und Kardinal Koch vertreten, bleibt dem Ziel verpflichtet, dass einmal alle in einem gemeinsamen Haus unter einem gemeinsamen Dach wohnen können.

Die landläufige Vorstellung ist doch die, dass es längst schon eine Kircheneinheit geben könnte, wenn nicht die katholische Kirche obstinat auf ihren dogmatischen Positionen – in der Eucharistie oder beim Primat des Papstes – beharrte.

Die Schwelle zur Eucharistie müssen wir sehr verantwortungsvoll hüten, auch wenn eine verbreitete öffentliche Meinung dagegensteht. Viele Katholiken kennen nicht die große kontinuierliche Lehre der Alten Kirche und der Konzilien über die Eucharistie und das Weihesakrament und verstehen daher auch nicht, warum eine Interkommunion mit den evangelischen Kirchen nicht einfach möglich ist. Für uns und auch für die Kirchen des Ostens gehört die Lehre von der Eucharistie als Sakrament zur unaufgebbaren Identität der Kirche. Damit hängt auch das Sakrament der Priester- und Bischofsweihe untrennbar zusammen. Kirchliche Verantwortliche vom Bischof bis zum Pfarrer und Religionslehrer müssen aber geduldig erklären, warum diese Schwelle existiert. Es geht hier nicht um Kirchenpolitik, sondern um das Mysterium Christi und seiner Kirche.

Nicht überall wird das akzeptiert. In der Praxis wird auch dagegengehandelt.

Wir haben keine Inspektoren und wollen keine haben, aber wir müssen am Prinzip festhalten, dass nicht jeder Christ einer anderen Konfession eingeladen ist, bei einer katholischen Messe die Kommunion zu empfangen.

Das wird aber gerade im deutschen Sprachraum kaum verstanden. Man stellt sich die Ökumene doch vor als in Richtung auf ein protestantisches und anglikanisches Kirchenverständnis gehend. Worin unterscheiden sich eigentlich die Einheitsvorstellungen der katholischen Kirche von denen der Protestanten bzw. Reformierten und der Orthodoxie? Letztere wird ja bei uns häufig vergessen, obwohl sie in Österreich sehr große Gemeinschaften hat.

Man soll nicht vergessen, dass die ökumenische Bewegung gerade durch das II. Vatikanische Konzil einen sehr starken Impuls bekommen hat. Dadurch wurden massive, aber manchmal auch zu oberflächliche Erwartungen geweckt. Die katholische Kirche steht sozusagen in der Mitte zwischen den alten Kirchen des Ostens und den aus der protestantischen Reformation hervorgegangenen Kirchen des globalen Westens und hat – bildhaft gesprochen – nach beiden Seiten hin offene Grenzen. Die Ostkirchen achten dagegen genau auf ihre Grenzen zur katholischen Kirche und zu den protestantischen Kirchen. Ökumene können wir katholischerseits nicht als Einbahnstraße verstehen. Das Konzil sieht Ökumene weder als eine Rückkehr anderer Kirchen zur katholischen Kirche in ihren sichtbaren Grenzen noch als ein bloßes Nebeneinander einzelner christlicher Traditionen in „versöhnter Verschiedenheit". Letzteres ist die Konzeption der protestantischen Kirchen. Es geht dem Konzil um eine Dynamik hin zur Mitte und Tiefe des Evangeliums Jesu Christi und um die Treue zur Sendung seiner in ihm geeinten Kirche, deren Grundlage Taufe und Bekenntnis sind.

Die ökumenische Bewegung scheint in diesen Positionen fest-gefahren zu sein. Sehen Sie Alternativen, die auf anderen Wegen zur christlichen Einheit führen könnten?

Die christlichen Kirchen trennt viel weniger, als ihnen gemeinsam ist. Die Nivellierung identitätsstiftender Unterschiede würde aber die Einheit der Christenheit nicht stärken. Vor dem Ersten Weltkrieg hat es zwei große ökumenische Initiativen gegeben, die 1948 zur Gründung des Ökumenischen Rates der Kirchen geführt haben. Es waren dies einerseits die „Bewegung für Praktisches Christentum – Life and Work" und andererseits die „Bewegung Glaube und Kirchenverfassung – Faith and Order". Diese beiden Begriffspaare erscheinen mir auch heute als hilfreich für den weiteren Weg der Ökumene. Wenn wir bei einigen Themen betreffend „Faith and Order" nicht weiterkommen, dann könnten wir betreffend „Life and Work" trotzdem vorangehen. So in den großen Fragen der Sozialpolitik. Wir dürfen jedenfalls nicht aufhören, über die Grenzen der eigenen Kirchen und kirchlichen Gemeinschaften hinaus miteinander zu sprechen und beharrlich zu beten. Und wir können gemeinsam viel Gutes tun, um soziale Wüsten und Steppen zu verkleinern.

Es gibt aber im deutschen Sprachraum einen zunehmenden Dissens betreffend die Natur und den Schutz des menschlichen Lebens, besonders an seinem Beginn, und neuerdings auch betreffend Fragen bezogen auf Sexualität, Ehe und Familie. Ein Positionspapier der Evangelischen Kirche in Deutschland zu Ehe und Familie ist besonders umstritten und hat in der eigenen Kirche Kontroversen ausgelöst.

Aus katholischer Sicht sind alle Dimensionen der Leiblichkeit des Menschen in seiner Natur als Geschöpf begründet. Daraus resultiert die Pflicht zum Schutz des menschlichen Lebens in allen seinen Dimensionen, besonders aber dort, wo es besonders schwach und daher bedroht ist: also an seinem natürlichen Beginn und an seinem natürlichen Ende. Und aus katholischer Sicht führt die geistige und leibliche Verbindung von Mann und Frau zum Sakrament der Ehe und dessen Offenheit für Kinder. Eine andere Auffassung von „Natur" bei evangelischen Christen und ihren Gemeinschaften, also die Ablehnung eines Naturrechts, entpflichtet sie aber nicht von der Autorität der Bibel. Daraus ergeben sich schwerwiegende Kontroversen zum Beispiel über Ehe und Familie nicht nur mit der katholischen Kirche, sondern auch innerhalb der evangelischen Kirchen. Nicht wenige evangelische Christen widerstehen dem darauf bezogenen Mainstream.

Kirche und Islam

Der Dialog zwischen den großen Religionen der Welt, besonders mit dem vielgestaltigen Islam, gilt als eine wichtige Voraussetzung für den Frieden. Graz hat sich einen Namen als Veranstaltungsort interkonfessioneller und auch interreligiöser Konferenzen gemacht. Haben solche Konferenzen reale Auswirkungen?

Die jüngste dieser interreligiösen Konferenzen fand im Juli 2013 statt. Die Stadt Graz hatte das Afro-Asiatische Institut, also eine Einrichtung der Diözese Graz-Seckau, gebeten, sie zu organisieren. Die Teilnehmer aus vielen Ländern repräsentierten alle in Österreich anerkannten Religionsgemeinschaften und eingetragenen Bekenntnisgemeinschaften. Schon 1997 hat die Diözese die Zweite Europäische Ökumenische Versammlung entscheidend mitgetragen. Unter den knapp 300.000 Einwohnern von Graz leben heute Menschen aus 150 Nationen und 100 verschiedenen Religionen. Die christlichen Kirchen bemühen sich hier seit Jahrzehnten um ein gutes, faires Miteinander. Aufgrund einer Initiative vor allem der christlichen Kirchen und der Grazer Stadtverwaltung wurde auch die von den Nationalsozialisten zerstörte Grazer Synagoge wieder aufgebaut und im Jahr 2000 eröffnet. Wir haben keine Alternative zum weltweiten Versuch, eine friedliche Koexistenz der drei abrahamitischen Religionen ohne Preisgabe unserer christlichen Identität beharrlich zu fördern. Das Wort Dialog kann hier allerdings nur unpathetisch eingesetzt werden. Es geht primär um Regeln für eine faire Koexistenz und gegenüber dem Islam auch um die Forderung, er möge einen Religionswechsel nicht kriminalisieren. Gespräche der drei Religionen können dazu beitragen, voneinander zu lernen. Wir haben oder hätten einander viel zu sagen.

■ *Der ehemalige deutsche Bundespräsident Christian Wulff hat Beifall, aber auch Kritik für sein Wort geerntet, „der Islam gehört zu Deutschland". Gehört der Islam zu Österreich?*

Jedenfalls ist der ja keineswegs homogene Islam in Deutschland, Österreich und anderen europäischen Ländern präsent, und zwar mit meist steigender Tendenz. Das gibt der angestammten Bevölkerung, aber auch den Muslimen, viele Fragen und Probleme auf. Kirchlicherseits bemühen wir uns weithin um ein möglichst gutes Miteinander. Wir erinnern uns dabei auch an das II. Vatikanische Konzil. Es hat auf das Edle und Schöne hingewiesen, das auch nicht christliche Religionen auszeichnet. Ich selbst habe in meinen fast 18 Jahren als Hochschulseelsorger und Leiter des Afro-Asiatischen Instituts in Graz fast täglich Kontakte mit Muslimen gehabt; einige ehemalige Studenten sind mir bis heute freundschaftlich sehr verbunden.

■ *Der Islam löst in Europa und in Österreich aber auch Furcht und Misstrauen aus.*

Wir können diese Probleme nicht übersehen und verschweigen. Es gibt auch Furcht von Muslimen vor anderen Muslimen. Viele Christen leiden besonders in islamisch dominierten Ländern. Die Folgen des „Arabischen Frühlings" haben ihre Lage noch weiter verschärft. Das Christentum droht in seinen Ursprungsländern zu verschwinden. Besonders dramatisch ist die Situation für die Christen in Syrien.

Wenn man auf diese Verfolgung hinweist, wird gerne reflexartig auf Fehler von Christen in der Vergangenheit hingewiesen, etwa auf die Kreuzzüge.

Das war allerdings nie vom Evangelium legitimiert. Um heute und morgen miteinander gut leben zu können, müssen wir vor allem über die Fehler und Vorzüge von Christentum und Islam in der Gegenwart sprechen. Ein Schönreden und Wegreden bringt uns dabei weder in der Politik noch in der Kirche weiter. Das sage ich auch den mir begegnenden islamischen Verantwortlichen in Österreich.

In der europäischen Öffentlichkeit geschieht das aber sehr oft, weil man sich vor unfreundlichen oder gar gewalttätigen Reaktionen aus islamischen Milieus fürchtet.

Es gibt in Europa aber nicht nur Misstrauen oder Furcht gegenüber dem Islam, sondern auch ein starkes Ressentiment gegenüber der christlichen Tradition, vor allem gegenüber dieser Tradition in ihrer katholischen Gestalt. Es gibt die Tendenz, Kirchengeschichte auf Kriminalgeschichte zu reduzieren, obwohl Historiker schon längst eine viel differenziertere Sicht haben. Andererseits verklären nicht wenige Intellektuelle in Europa die Geschichte des Islam.

Der Islam sieht sich in Europa als Opfer und hat dafür das Wort „Islamophobie" geprägt, mit dem oft Kritik abgewehrt und der Diskurs verweigert wird.

Seitens der katholischen Kirche ist in der Beziehung zum Islam vieles in Bewegung gekommen, was zu einer Entkrampfung beitragen kann. Papst Franziskus geht da voran, und viele Bischöfe gehen mit ihm. Wir hoffen natürlich auch auf eine solche Bewegung vonseiten des vielgestaltigen Islam. Es gibt dafür schon viele positive Beispiele. Vertrauen muss von beiden Seiten auf der Basis von Ehrlichkeit aufgebaut werden. Ebenso wie das Christentum es tut, müsste sich aber auch der Islam einer kritischen Befassung mit seinen Lehren und seiner Praxis in Vergangenheit und Gegenwart stellen. Die Kirchen in Europa sind durch das oft zerstörende, aber häufig auch läuternde Feuer der Aufklärung gegangen und sind ihm genauso heute ausgesetzt. Der Islam hat sich diesbezüglich noch weitgehend verschlossen, wird diesem Problem aber nicht auf Dauer ausweichen können.

▥ Sorgen oder auch Ängste vieler Menschen bezogen auf den Islam und sein rasches Anwachsen in Europa wurden von manchen europäischen Eliten in Politik und Medien durch lange Zeit ignoriert und als politically not correct eingestuft.

Eine solche Verdrängung löst keine Probleme, sondern vermehrt sie und liefert Wasser auf die Mühlen von Populisten, die sich schrecklicher Vereinfachungen bedienen. Die erneute Präsenz eines selbstbewussten Islam in Europa stellt den Christen auf unserem Kontinent auch die Frage, wie stark ihr eigener Glaube ist und warum so viele Getaufte dieses Glaubens offenbar müde geworden sind. Sie stellt auch die Frage, ob und wie die Christen in Europa neuen Mut zu Kindern, Ehe und Familie gewinnen können – und eine unbefangenere und selbstbewusstere Freude an ihrem Glauben.

■ Ist das Postulat der Reziprozität, der Gegenseitigkeit, ein brauch-bares Instrument für den Umgang mit dem Islam?

Ich halte Reziprozität für unverzichtbar. Islamische Verant-wortliche in Österreich haben mir manchmal gesagt, sie hät-ten auf die Religionsfreiheit in ihren Herkunftsländern keinen Einfluss und seien daher nicht dafür verantwortlich. Ich glaube aber, das stimmt nicht. Muslime in Österreich und Deutschland können die öffentliche Meinung zum Beispiel in der Türkei be-einflussen, wenn sie bei Besuchen in der Heimat erzählen, dass man in Europa immer wieder die Beschränkungen der Rechte von Christen und anderen nicht muslimischen Gläubigen in der Türkei und noch mehr in arabischen Ländern kritisiert und darauf hinweist, wie großzügig die Politik und die Kirchen in Europa den Muslimen begegnen.

■ Manche muslimische Gemeinden in Europa haben neuerdings aber wiederholt gegen Massaker an Christen in islamischen Ländern öffent-lich protestiert. Ist das nicht ein Fortschritt?

Es ist ein wichtiger Beitrag zur Schaffung von Vertrauen zwi-schen der angestammten Bevölkerung und den hier lebenden und vielfach schon gut eingewurzelten Muslimen. Fast täglich hier eintreffende Meldungen über Gewalt im Zusammenhang mit dem Islam in anderen Ländern und Kontinenten belasten ja das Vertrauen vieler Menschen auch gegenüber islamischen Mitbürgerinnen und Mitbürgern.

■ Tony Blair, der ehemalige britische Premierminister, hat kürzlich einen viel beachteten islamkritischen Beitrag über die Frage veröffent-licht: Wie geht man mit den aggressiven, politisch kontaminierten Elementen einer Religion um, ohne deren friedensstiftende humane

Botschaft der Logik rechthaberischer Aufwiegelung zu unterwerfen?
Die Wiener Tageszeitung „Der Standard" hat diesen Text veröffent-
licht.

Ich habe diesen Text sehr aufmerksam gelesen. Blair weist
gerechterweise darauf hin, dass es auch christliche, jüdische,
buddhistische und hinduistische Extremisten gibt. Er fürchtet
aber, dass – wie er wörtlich sagt – „der problematische Strang
innerhalb des Islam nicht auf ein paar Extremisten beschränkt
ist". In dessen Kern stehe nämlich eine Sicht der Religion und
der Beziehung zwischen Religion und Politik, die mit einer plu-
ralistischen, freiheitlichen und aufgeschlossenen Gesellschaft
unvereinbar sei. Blair sagt dann: „Am extremen Ende des Spek-
trums stehen die Terroristen, doch das Weltbild reicht tiefer
und weiter, als wir uns das eingestehen mögen. Und daher ge-
stehen wir es uns nicht ein." Daraus folgt, so Blair, „dass die
Extremisten uns für schwach halten und dass ihre zahlreichen,
aber nicht gut organisierten islamischen Gegner den Mut verlieren". Diese Sicht von Tony Blair erscheint mir plausibel. Ich
werde mich weiterhin für einen interreligiösen Frieden auf Basis von Ehrlichkeit, Fairness und Reziprozität einsetzen. Dabei
geht es nicht nur um Frieden zwischen Islam, Christentum und
Judentum, sondern auch um mehr Frieden innerhalb des vielgestaltigen Islam, innerhalb des Judentums und um mehr ökumenischen Frieden zwischen den christlichen Kirchen.

„Ihr aber gehört Christus"

Leben und Aufgaben eines Bischofs

■ *Ihre erste Berufung in das Bischofsamt hat Sie in die Nachbardiözese Kärnten geführt.*

Als ich Bischof in Kärnten wurde, hat die Kirche viel neue Aufmerksamkeit in der Öffentlichkeit gefunden. Auch in politischen Kreisen, bei Kunstschaffenden und anderen Intellektuellen hat die Kirche ein neues Interesse gefunden. Das hat viel Zeit und Kraft in Anspruch genommen. Ich war damals aber auch unablässig unterwegs, bei den Menschen draußen, in jedem Dorf, in jeder der 340 Pfarren und in den meisten Schulen des Landes. Besonders wichtig war die Förderung des Zusammenlebens von deutschsprachigen und slowenisch sprechenden Katholiken.

■ *Hat Ihnen Ihre Herkunft, die Sie mit drei Kulturräumen verbindet, als Bischof in Kärnten genützt?*

Man hat mich einmal zur Kulturvereinigung „Tre popoli" eingeladen. Und ich konnte da sagen, dass ich in allen drei Völkern dieser Region tief verwurzelt bin. Italienisch und Slowenisch habe ich erst als Bischof von Kärnten gelernt. Ein Bischof soll sich nach meiner Überzeugung bemühen, die Sprachen von ethnischen Minderheiten in seiner Diözese zu erlernen. In Kärnten waren das die Slowenen.

▨ War das schwer für Sie? Sie mussten ja auch die Zeit dafür auf-
bringen. Wie gut haben Sie Slowenisch erlernt?

Zufrieden war ich damit zwar nie, aber ich konnte und kann
jedenfalls in Gottesdiensten und in Medien vorbereitete Texte
ziemlich fehlerfrei sprechen. Schon in der Predigt bei meiner
Bischofsweihe im Dom von Klagenfurt habe ich einen langen
Satz auf Slowenisch gesprochen. Es war der Kern des Textes,
den die Kärntner Diözesansynode Jahre vorher grundsätzlich und bahnbrechend über das Zusammenleben der beiden
Volksteile in Kärnten formuliert hatte. Das war ein Gefüge aus
vielen für einen Anfänger besonders schwer auszusprechen-
den Wörtern. Ähnliches gilt auch für das slowenische „Vaterunser". Schon guter Wille wurde aber von vielen Slowenen
sehr bedankt. Und ich konnte dann in 20 Jahren als Bischof
in Kärnten doch immer wieder glaubhaft machen, dass die
Kärntner Slowenen in der katholischen Kirche eine verlässliche Heimat haben.

▨ Sie haben, wie Sie selbst gesagt haben, in der Steiermark eine geord-
nete, wohlbestellte Diözese übernommen. Haben Sie selbst strukturelle
Reformen in der Diözese vorgenommen, die in die Zukunft weisen?

Unsere Diözese ist trotz aller Umbrüche und Spannungen der
Kirche in Österreich recht lebendig. Die Kirche bewegt sich
und wird sich weiter bewegen, aber galoppieren kann sie nicht.
Die Zahl der Priester ist gemessen am bisherigen Pastoralsys-
tem zu gering und wird vorerst wohl noch kleiner werden. Andererseits ist heute das Netz der Seelsorge in der Steiermark
durch viele Priester, Diakone, Ordensleute und Laienchristen
im Ganzen so engmaschig wie noch nie zuvor. Wir haben
uns sehr darum bemüht, dass möglichst viele Knoten dieses

Netzes auch in der Zukunft erhalten und tragfähig bleiben. Unsere Kräfte müssen teilweise neu geordnet und jedenfalls gebündelt werden. Im Ganzen überwiegt aber die Akzeptanz für all das, weil wir niemanden überfahren, sondern viele Gespräche führen. Wir haben auch wirtschaftlich konsolidierende Maßnahmen getroffen. Besonders haben wir uns um die Förderung junger Menschen bemüht. Es gibt eine Reihe neuer Jugendmilieus, in denen die Kirche wieder lebendig ist und für die sich unser Weihbischof sehr engagiert. Starke Impulse für die Steiermark, für ganz Österreich und darüber hinaus sind von unserem Heiligtum in Mariazell ausgegangen: 2004 gab es dort den Mitteleuropäischen Katholikentag und 2007 den Besuch von Papst Benedikt XVI. Zahlreich sind auch die karitativen Dienste in unserer Diözese und die darauf bezogenen Einrichtungen. Stark ist die Zuwendung zu Kindern und Jugendlichen auch durch zahlreiche Institutionen. Wir haben viel Zeit, Kraft und Geld in Kindergärten, Schulen, Bildungshäuser und besonders in das Bildungszentrum Augustinum investiert. All das dient nicht nur der Kirche, sondern der ganzen Gesellschaft.

Welche Eigenschaften braucht man, wenn man als Bischof sozusagen die „Hand an den Pflug legt"?

Das Bischofsamt ist im Lauf seiner Geschichte – auch dann, wenn seine geistliche Dimension stark ausgeprägt und nicht durch Ehrgeiz, Bequemlichkeit oder andere Weisen der Selbstsucht zugedeckt war – sehr unterschiedlich ausgelegt und gelebt worden. Das Ideal – der Hirte im Sinn des Evangeliums – konnte ebenso von einem früheren Mönch wie von einem früheren Landpfarrer, einem früheren Professor oder von einem dynamischen Sozialapostel aus einem städtischen Milieu glaubwürdig gelebt werden. Das war im 20. Jahrhundert so, und so ist es im Grunde auch heute.

Darf man Bischof werden wollen?

Im Ersten Timotheusbrief des Neuen Testaments steht der Satz: „Wer das Amt eines Bischofs anstrebt, der strebt nach einer großen Aufgabe." Einen Priester, der heute nach dem Bischofsamt strebt, sollte man aber sehr kritisch anschauen und ihn einladen, dies auch selbst zu tun.

Kann man „Bischof lernen"?

Niemand weiß längere Zeit vorher, dass er Bischof werden wird; auch die darüber Entscheidenden wissen es nicht. Man tut in einer Diözese aber gut daran, die Gesamtkompetenz des Presbyteriums zu fördern, sowohl betreffend die Gaben des Herzens als auch die Gaben des Intellekts und die Gabe zur Bewältigung praktischer Aufgaben. Ein Bischof braucht ja viel von alldem. Nur wenn dieser Pool in einer Diözese einigermaßen gefüllt ist, findet man neue Bischöfe, Generalvikare, Leiter von Priesterseminaren, Bischofsvikare und so weiter. Bekanntlich wird dies durch den Priestermangel in deutschsprachigen Ländern erschwert. Wenn man einmal ein Bischof ist, dann muss man unaufhörlich weiterlernen. Das vor einigen Jahrzehnten in die Zivilgesellschaft eingebrachte Postulat des lebenslangen Lernens trifft hier besonders zu. Wir leben längst schon in einer Gesellschaft, die nicht mehr nur als Arbeits-, sondern auch als Lerngesellschaft definiert wird.

Eine Leitungsaufgabe kann man nur ausüben, wenn man Führungswillen hat. Gibt es in der Kirche überhaupt eine geplante Heranbildung von Führungspersonal, wie sie heute jeder bessere Konzern hat?

Wie schon gesagt: Wir unterscheiden uns da in Vielem von einem Konzern, aber wir lernen immer wieder auch von weltlichen Strukturen, ohne uns von diesen allein leiten zu lassen. Ein Bischof ist ein Hirte und kein Konzernchef, aber er sollte auch nicht wenig aus diesem Bereich wissen.

Ein bekannter Politiker hat sich einmal selbst mit einem Hirtenhund verglichen, der ständig um die Herde herumrennt, um sie zusammenzuhalten. Würden Sie dieses Bild auch für sich so verwenden?

Vor Jahrzehnten war ich in Korsika Gast eines Priesters, der dort ein altes Steinhaus geerbt und umgebaut hatte. Ich konnte da täglich einen Hirten beobachten, der mit seinen Schafen am Haus vorbeigezogen ist. Hirten tun in unterschiedlicher Frequenz Unterschiedliches. Einmal gehen sie der Herde voraus, dann gehen sie wieder hintennach und schauen auch manchmal zurück, um zu verhindern, dass ein Schaf zurückbleibt. Und oft ist der korsische Hirte in der Mitte seiner ruhenden Herde gesessen. Ein Pfarrer, ein Bischof, muss es im Dienst der ihm anvertrauten Menschen auch so tun. Das biblische Wort Schafe mag ich allerdings in diesem Zusammenhang heute nicht. Menschen sind keine Schafe. Das archetypische Wort und Bild vom Hirten bleibt aber in der Kirche und wohl auch in der ganzen Gesellschaft unverzichtbar.

Haben Sie auch Fehler gemacht?

Jeder Mensch macht Fehler. Nicht alle meine Fehler kenne ich wahrscheinlich so gut, wie andere Menschen sie kennen oder glauben, sie zu kennen. Wenn ich mit meiner heutigen Erfahrung einen bischöflichen Dienst nochmals anfangen könnte, dann würde ich mich von Haus aus noch viel geordneter dem Klerus widmen, aber selbstverständlich im Zusammenhang mit allen Laienchristen einer Diözese.

Überlassen Sie Ihrem Nachfolger Aufgaben, die sie ihm gewissermaßen in einem Dossier auf den Schreibtisch legen?

Ich habe meinen Nachfolger nicht zu präjudizieren. Er übernimmt leitende Verantwortung für einen Bauplatz mit vielen offenen Fragen und Problemen. Aber die Diözese ist – wie schon gesagt – ziemlich geordnet und stabil. Mein Nachlass zu Lebzeiten ist jedenfalls kein Memorandum in einem verschlossenen Kuvert, das ich meinem Nachfolger übergebe.

Keine besonderen Schlüssel oder ein geheimer Code?

Nein, das überhaupt nicht. Meine Schriften sind ein vielleicht wichtiger Teil meines Nachlasses schon zu Lebzeiten. Sie gehören aber nicht nur dieser Diözese.

Gibt es Pläne, die nicht angegangen worden sind?

Viele Wünsche und Sehnsüchte, die auf zentral Religiöses zielen, wurden nicht erfüllt und bleiben weiter offen. Sie hängen an der biblischen Frage: „Wird der Menschensohn noch Glauben finden, wenn er kommt?" Diese Frage wird uns weiter begleiten, und große Erfolge wird es in naher Zukunft wohl nicht geben. Ich denke da oft an ein Wort von Martin Buber: „Erfolg ist keiner von den Namen Gottes, aber brennendes Feuer ist einer seiner Namen."

■ Öffentliche Würdigungen Ihres Wirkens zum Beispiel bei Jubiläen haben immer besonders auf Ihren Bezug zu Kunst und Wissenschaft verwiesen. Erkennen Sie sich dabei wieder?

Wenn ein Bischof heute auch Bücher über bildende Kunst oder Literatur schreibt, dann ist das eher untypisch und fällt besonders auf. Ich war aber immer schon auch und mehr dort zu Hause, wo sich das Leben der meisten Menschen abspielt. Es hat viele tausende Begegnungen mit solchen Menschen, besonders auch mit sogenannten kleinen Leuten, gegeben, und es gibt sie weiterhin. Der bischöfliche Dienst braucht gerade bei einem Diözesanbischof auch sehr viel Zeit und Kraft zur Organisation des Miteinanders in der Diözese, etwa betreffend den Einsatz der Mitarbeitenden und der finanziellen Mittel.

■ Sie haben von den Schriften geredet, die ein Teil Ihrer Hinterlassenschaft sind. Es sind viele Bücher und unzählige Predigten, Vorträge, Ansprachen, Artikel. Ist Ihnen davon etwas besonders wertvoll?

Dazu möchte ich klärend sagen: Einen Roman oder auch nur ein Gedicht habe ich nie geschrieben und wollte es auch nie. Versuche dazu würden meine Selbstzensur nicht überstehen. Aber solides Handwerk sollte das schon sein, was ich gedruckt vorlege. Ich erwähne hier die zwei Bücher „Und dann der Tod ..." und „Heilige Zeichen", die am meisten Echo ausgelöst haben. Beide Bücher waren und sind – so darf ich aufgrund der zahlreichen Reaktionen, die es gegeben hat, annehmen – vielen Menschen eine Hilfe in ihrem Leben und ihrem Glauben.

Ein anderes Ihrer Bücher mit dem Titel „Aber Bleibendes stiften die Dichter" enthält kurze Texte mit Interpretationen deutschsprachiger Lyrik vor allem des 20. Jahrhunderts, darunter Texte von Ingeborg Bachmann, Paul Celan, Marie Luise Kaschnitz, Nelly Sachs und Reiner Kunze. Ist das nur eine persönliche Vorliebe von Ihnen oder mehr?

Die Texte sind entstanden als „Gedanken für den Tag" im Rahmen der gleichnamigen Sendereihe des Österreichischen Rundfunks. Meisterliche Lyrik ist eine für mich besonders kostbare Gestalt von Literatur, angesiedelt an der Grenze vom Wort zum Schweigen. Paul Claudel sagt in einer seiner Oden, dass sein Lied vor allem aus dem besteht, was weiß bleibt auf dem Papier. Die Befassung mit solcher Lyrik kann helfen, einen vor Geschwätzigkeit zu bewahren.

Welche Aufgabe könnten Sie sich als emeritierter Bischof für sich vorstellen?

Ich muss dann nicht mehr leiten, und leiten heißt ja, jeden Tag angesichts von Ressourcen, die knapp sind, zu versuchen, bestmöglich damit umzugehen. Diese unmittelbare Verantwortung, die sich täglich im Kleingeld unzähliger Entscheidungen konkretisiert, werde ich nicht mehr haben. Ich werde mich, das ist ein Gebot der Anständigkeit und der Kultur, meinem Nachfolger nicht aufdrängen, sondern mich zurücknehmen. Darüber hinaus bleibe ich aber ein Leben lang Christ, Priester und auch Bischof – so wie Väter und Mütter dies ein Leben lang bleiben.

■ *Es gibt ja, wie Sie selbst immer sagen, noch so viel Arbeit im Weinberg des Herrn.*

Ich möchte zuallererst Seelsorger bleiben in Zuwendung zu Menschen, die dies besonders notwendig haben – zu Armen und Kranken. Und dann möchte ich meine theologische und andere Sachkompetenz im Gespräch in kleinen Thinktanks einsetzen. Und ich möchte viel mehr beten und lesen können. Aber all das umgreifend und vertiefend, möchte ich mehr vom „Mönch in mir" ausprägen können. Das ist der Titel eines Buches von Heinz Nußbaumer, das er im Rückblick auf seine Besuche auf dem Berg Athos geschrieben hat. Zum Mönchsein gehört viel Gebet, viel Lesen in heiligen Schriften und ein anspruchsarmes Leben in der Nachfolge Christi.

■ *Hat man als regierender Bischof nicht genug Zeit zum Beten?*

Der Rhythmus des Breviergebets fällt einem Bischof und Pfarrer schwerer als einem Ordensmann, aber er hat es versprochen und weiß, dass er dabei in den riesigen Chor einstimmt, der inmitten der Weltkirche jeden Tag Gott eine lobende, bittende und dankbare Antwort auf das Wort gibt, das Gott in der Erschaffung der Welt und in der Erlösung durch Jesus Christus gesprochen hat und immer noch spricht. Auch der Rosenkranz ist mir ein sehr wichtiges Gebet, das an keinem Tag ganz ausbleibt. Aber es gibt bei all dem wirklich die Gefahr, die Balance zwischen Maria und Marta, diesen biblischen Frauen, zu verlieren, weil einem Bischof ja so viele auch sehr sinnvolle Ansprüche zur Hilfe begegnen, die ihm aufgetragen sind, aber nicht alle Zeit und Energie verbrauchen dürfen. Beim Versuch, damit fertig zu werden, erinnere ich mich oft an den bekannten verstorbenen Erzbischof Hélder Câmara aus Brasilien, dem ich beim Weltjugendtag in Santiago de Compostela 1989 begegnet bin. Wir waren Nachbarn am Tisch beim Essen mit dem Papst und einigen Hundert Bischöfen und konnten ein mich sehr bewegendes Gespräch führen. Hélder Câmara hatte im Blick auf die Spannung zwischen Aktivität und Kontemplation einmal gesagt, dass er jede Nacht lange Zeit bete und dann, so sagte er, „fügt sich wieder zusammen ... was sich am Tag so oft trennt: Die rechte Seite zur linken."

Was bleibt?

■ *Was bleibt? Diese Frage haben Sie selbst als Teil des Titels für dieses Buch gewählt. Was soll, was wird spezifisch von Ihrem Lebenswerk inmitten von Kirche und Gesellschaft bleiben?*

Klarerweise weiß ich das nicht. Das weiß nur Gott allein. Vor Jahrzehnten habe ich im Titel eines Interviews für eine Tageszeitung – bezogen auf die Kirche – gesagt: „Kathedralen bauen wir nicht." In den vielen bisherigen Jahren und Jahrzehnten als Priester und Bischof war ich entsprechend meinem jeweiligen Amt auch für viele Bauwerke besonders verantwortlich. Darunter gab es Architektur, die als exemplarisch beurteilt und bedankt wurde. Zuletzt galt das für das sogenannte Augustinum, ein großes Bildungszentrum der Diözese Graz-Seckau für mehr als 1500 junge Menschen im Alter von sechs bis ungefähr 25 Jahren. Ich kann daher hoffen, dass ich auch als Verantwortlicher für Bauwerke nicht nur Wasser gepflügt habe. Viel wichtiger war mir selbstverständlich als Studentenpfarrer und als Bischof allemal die Kirche als Bauwerk aus lebendigen Steinen: also die Leib- und Seelsorge für Menschen aller Lebensalter und verschiedenster sozialer und kultureller Verhältnisse, und all das nicht nur bezogen auf Katholiken und auf Christen überhaupt.

Das ist ein kaum überschaubares Gewebe aus tausenden Begegnungen, Gesprächen, liturgischen Feiern, Vorträgen und Texten für Medien aller Art. Sie könnten allein schon über das für Sie Eindrucksvollste von alldem tagelang erzählen – und manchmal erzählen Sie ja auch etwas, auch in diesem Buch.

Zu erzählen wäre viel über heute lebende und über verstorbene Menschen. Die Zahl der Verstorbenen wird ja angesichts meines auch schon hohen Alters immer größer. Unter diesen lebenden oder verstorbenen Menschen – Christen, Andersglaubenden oder Nichtglaubenden – waren oder sind zahlreiche mit großen Namen, denen ich vieles zu verdanken habe. Ebenso wichtig waren aber immer die sogenannten einfachen Menschen, denen ich begegnet bin und begegne. Nur ein Beispiel dafür: Am Tag nach der Bekanntgabe meiner Ernennung zum Bischof im Dezember 1981 habe ich in der psychiatrischen Klinik in Klagenfurt die Sonntagsmesse gefeiert. Nachher kam ein Patient zu mir und hat mir in berührender Herzlichkeit eine Semmel vom Vortag, also ein nicht mehr ganz frisches Gebäck, geschenkt mit den Worten: „Herr Bischof, ich schenke Ihnen ein Brot. Sie werden es brauchen können." Jahre später habe ich diesen Mann wieder getroffen. Er hat mich gefragt, ob ich das noch wüsste. Ich habe mich sehr wohl und dankbar an diese unverwechselbare Begegnung erinnert. Ähnliche Zuwendungen haben mich seither oft gestärkt.

Wir haben – wenigstens ansatzweise – über eine Reihe von Themen gesprochen. Einigen von diesen begegnen Menschen über allen Wechsel von Ort und Zeit hinaus immer wieder. Andere Themen betreffen spezifisch Christen und das Christentum. Und wieder andere stellen einen besonderen Anspruch an uns Katholiken. Alles bisher Gesagte stand und steht aber unter dem Titel, den Sie diesem Buch gegeben haben: „Was kommt? Was bleibt?" Haben wir diesem Titel wenigstens einigermaßen genügt?

Einerseits überfordern uns diese beiden Fragen. Wir wissen ja nicht, was uns als Einzelnen und was unseren Gemeinschaften wirklich bevorsteht. Und wir wissen auch nicht, was nach vielen Umbrüchen und Abbrüchen in Gesellschaft und Kirche im Ganzen bleiben wird. Andererseits stellen wir diese Fragen immer wieder, und das ist auch notwendig. Sie sind eine Herausforderung an unser Verantwortungsbewusstsein bezogen auf Gesellschaft und Kirche und auch auf unseren eigenen Lebens- und Glaubensweg.

Solche Fragen sind, wenn auch in jeweils unterschiedlichem Maß, mit Hoffnung ebenso wie mit Sorgen und Ängsten verbunden.

Unser Glaube ist kein Opium, das Ängste niederhält. Er ist auch keine Quelle von naivem Optimismus. Aber er ist mit einer nüchternen Hoffnung verbunden. Der letzte Grund der Hoffnung ist für uns Gott selber: der biblische Gott, der die Menschen auf ihren Wegen begleitet. Auf Wegen, die freilich nicht immer durch Grünland, sondern immer wieder auch durch Nacht und Wüste führen. In der Geschichte Österreichs und der Kirche in unserem Land hat es gerade im 20. Jahrhundert viel Zeit in Nacht und Wüste gegeben, aber immer wieder auch neue Aufbrüche. In der Kirche gibt es hier auch heute Neuanfänge in vielen Bereichen. Sie sind freilich meist nicht spektakulär und können daher leicht übersehen werden.

Sie haben im vergangenen Jahr mehrmals an das Motto eines zeitlich weit zurückliegenden deutschen Katholikentages erinnert. Dieses

Motto hat gelautet: „Unsere Sorge ist der Mensch, unsere Hoffnung ist der Herr."

Dieses Leitwort ist von bleibender Aktualität. Wenn wir daher im Blick auf die Zukunft danach fragen, was in Gesellschaft und Kirche kommen und bleiben wird, dann fragen wir zutiefst nicht nach den Fähigkeiten und Möglichkeiten von uns Menschen, sondern nach Gott selber und nach seinem Beistand. Die Frage nach dem Was und Wie wird dann zur Frage nach dem Wer: Wer bleibt und wer kommt? Der biblische Glaube sagt, dass Gott bleibt und dass er zugleich immer auch der Kommende ist. Während der Luftangriffe, die am Ende des Zweiten Weltkrieges Berlin weitgehend zerstört haben, hat ein Christ in einem Luftschutzkeller inmitten von Menschen, die wie er vom Tod bedroht waren, ein kleines Gedicht geschrieben, ein Gebet, einen Ruf an Gott, dem später auch eine Melodie hinzugefügt wurde. Der Ruf lautet, dieses kleine Lied singt: „Alles ist eitel, Du aber bleibst, und wen Du ins Buch des Lebens schreibst." Dieser Text ist, so glaube ich, ein guter Abschluss.

Egon Kapellari

OMNIA VESTRA – VOS AUTEM CHRISTI

Geboren 1936 in Leoben in der Steiermark.
Studium der Rechtswissenschaften (Dr. iur. 1957) und der Theologie
(Dr. theol. h. c. 2006).

1961 Priesterweihe; 1962 bis 1964 Kaplan in der Grazer Pfarre Kalvarienberg; 1964 bis 1981 Hochschulseelsorger für die Grazer Universitäten und Leiter des Afro-Asiatischen Instituts; seit 1970 auch Mitglied des Leitungskollegiums im Grazer Priesterseminar.

1981 Ernennung zum Diözesanbischof von Gurk-Klagenfurt, am 24. Jänner 1982 Bischofsweihe im Dom von Klagenfurt. Leitspruch: *Omnia vestra, vos autem Christi* (1 Kor 3,22–23).

Seit 14. März 2001 Diözesanbischof von Graz-Seckau.

Zahlreiche Aufgaben in der Österreichischen Bischofskonferenz:

1982 bis 1992 Referent für Jugendseelsorge („Jugendbischof"); 1982 bis 1992 Mitglied des Rates der Europäischen Bischofskonferenzen (CCEE); durch zwei Funktionsperioden auch Mitglied des ehemaligen Päpstlichen Rates für den Dialog mit den Nichtglaubenden. 1992 bis 2004 Referent für Liturgie; seit 1992 Referent für Kunst und Kultur. Seit 2001 Referent für Medienfragen und Stellvertretender Vorsitzender der Österreichischen Bischofskonferenz.

Zusätzliche Aufgaben für die Weltkirche:

Seit Juni 1997 Konsultor der Päpstlichen Kommission für die Kultur-
güter der Kirche; seit 1997 Mitglied der Kommission der Bischofskonferenzen der EU-Länder (COMECE).

Zahlreiche Publikationen, unter anderem über Kirche und Kunst, Wissenschaft und Politik, Wirtschaft und Gesellschaft, über die Theologie
des Symbols und über das Kirchenjahr. Im Styria Verlag erschien zuletzt „Zeichen am Weg – Eine Nachlese" (2012).

Publikationen:

- Quelle des Segens – Schritte zu einer lebendigen Liturgie, Sonn-
  tagsblatt_Edition 2013
- Zeichen am Weg – Eine Nachlese, Styria Verlag 2012
- In und Gegen – Gespräche über Mensch, Gott und Welt, Styria
  Verlag 2010
- Das Leiden Christi, Styria Verlag 2010
- Seit ein Gespräch wir sind – Neue Begegnungen, Styria Verlag
  2007
- Bis das Licht hervorbricht ... – Fragen zwischen Kirche und Kunst,
  Styria Verlag 2006
- Und dann der Tod ... – Sterbebilder, Styria Verlag 2005
- Breitenauer Bilderbibel, Hg. Röm.-kath. Pfarre Breitenau (8614
  Breitenau, St. Erhard 21) 2003, Neuauflage Frühjahr 2006
- Begegnungen unterwegs. Eine Nachlese, Styria Verlag 2003
- Menschenzeit in Gotteszeit – Wege durch das Kirchenjahr, Styria
  Verlag 2002
- Aber Bleibendes stiften die Dichter. Gedanken zum Tag, Styria Ver-
  lag 2001
- Zu Pfingsten in Jerusalem. Ein Bischof schreibt zur Firmung, Styria
  Verlag 1999, 4. Auflage 2010

- Heilige Zeichen in Liturgie und Alltag, Styria Verlag 1997, 5. Auflage 2006
- Und haben fast die Sprache verloren. Fragen zwischen Kirche und Kunst, Styria Verlag 1995
- Geheimnisvoll erstrahlt das Kreuz. Betrachtungen über das Leiden Christi, Carinthia Verlag 1994
- Ein Fest gegen die Schwerkraft. Osterbetrachtungen, Styria Verlag 1993
- Worauf warten wir? Adventgedanken, Herder Verlag 1993
- Zünd an in uns des Lichtes Schein. Ein Bischof schreibt zur Firmung, Styria Verlag 1991, 2. Auflage 1992
- Glanz strahlt von der Krippe auf. Weihnachtsbetrachtungen, Styria Verlag 1991

Stichwortverzeichnis

Die Begriffe *Gott* und *Jesus Christus* werden aufgrund der häufigen Nennung nicht gesondert ausgewiesen.

Namensverzeichnis

Ravasi, Gianfranco Kardinal 126
Reinhardt, Max 125
Rilke, Rainer Maria 48, 80, 128
Roß, Jan 22, 44
Rouault, Georges 131
Rushdie, Salman 23

Sachs, Nelly 128, 171
Saint-Exupéry, Antoine de 132
Sartre, Jean-Paul 41, 49
Schneider, Reinhold 32
Schoiswohl, Josef Bildtafel 2, 33
Schönborn, Christoph Kardinal
    Bildtafel 4, 40, 121
Schuman, Robert 136
Schutz, Roger 101
Schwarz, Patrik 22
Sinjawski, Andrej 40
Spinoza, Baruch de 48
Stefano, Cesare Augusto Bildtafel 14
Stöckl, Barbara 40
Strawinski, Igor 131
Strobl, Karl 37

Suenens, Léon-Joseph Kardinal 52

Teresa, Mutter (Agnes Gonxha
    Bojaxhio) 18f, 28, 43, 130
Tertullianus, Q. Septimius Florens
    45
Thérèse von Lisieux (Thérèse Mar-
    tin) 41f
Thomas von Aquin 47, 114, 128
Thuân, Franz Xaver Kardinal 91
Thurner, Peter Bildtafel 3, 35

Vinci, Leonardo da siehe Leonardo
    da Vinci

Walser, Martin 44
Waugh, Evelyn 32
Weber, Johann Bildtafel 2 und 4, 18
Weiler, Max 129
Wulff, Christian 158

Zogmayer, Leo Bildtafel 3
Zulehner, Paul 70

Bildnachweis

Umschlagbild: Pressestelle der Diözese Gurk/Foto: Neumüller
Bildtafel 1: Foto: Freisinger
Bildtafel 2: Foto: Schlegel
Bildtafel 3: Katholische Hochschulgemeinde Graz/Foto: Ferencz
Bildtafel 4: Sonntagsblatt für Steiermark/Foto: Ohrt
Bildtafel 5: Sonntagsblatt für Steiermark/Foto: Ohrt
Bildtafel 6: Pressestelle der Diözese Gurk/Foto: Eggenberger
Bildtafel 7: Foto: Kapeller
Bildtafel 8: Sonntagsblatt für Steiermark/Foto: Amsüss
Bildtafel 9: Abtei Seckau/Foto: Schneider
Bildtafel 10: Sonntagsblatt für Steiermark/Foto: Neuhold
Bildtafel 11: Sonntagsblatt für Steiermark/APA/Foto: Techt
Bildtafel 12: Schloss Seggau/Foto: Kirchengast
Bildtafel 13: Sonntagsblatt für Steiermark/Foto: Neuhold
Bildtafel 14: Exerzitienhaus Himmelspforte Würzburg/Foto: Wende
Bildtafel 15: Sonntagsblatt für Steiermark/Foto: Neuhold
Bildtafel 16: Stadtkirche Graz/Foto: Leitner

Die Rechtslage bezüglich der einzelnen Bildvorlagen wurde sorgfältig geprüft. Eventuell berechtigte Ansprüche werden bei Nachweis vom Verlag in angemessener Weise abgegolten.